LACAN COM FREUD:
A CULTURA E O MAL-ESTAR CIVILIZATÓRIO

Antônio Sérgio Mendonça

Lacan com Freud:
A cultura e o mal-estar civilizatório

Companhia de Freud

Editoração Eletrônica
FA – Editoração Eletrônica

Revisão
Sandra Regina Felgueiras

Rio de Janeiro, 2010

CIP-BRASIL. CATALOGAÇÃO-NA-FONTE
SINDICATO NACIONAL DOS EDITORES DE LIVROS

L129

Mendonça, Antônio Sérgio.
Lacan com Freud: a cultura e o mal-estar civilizatório / Mendonça, Antônio Sérgio – Rio de Janeiro: Centro de Estudos Lacaneanos - Instituição Psicanalítica e Companhia de Freud, 2010.
16x23

ISBN 978-85-7724-084-5

1. Lacan, Jacques, 1901-1981. 2. Freud, Sigmund, 1856-1939. 3. Psicanálise. 4. Arte. 5. Literatura I. Mendonça, Antônio Sérgio. II. Centro de Estudos Lacaneanos.

08-2202. CDD: 150.195
CDU: 159.964.2

Companhia de Freud
editora

Endereço para Correspondência
Rua Barão de Sertório, 48 – casa
Tel.: (21) 2273-9357 • (21) 2293-5863
Rio Comprido – Rio de Janeiro, RJ
e-mail: ciadefreud@gmail.com

Centro de Estudos Lacaneanos – Instituição Psicanalítica
Av. Venâncio Aires, 162, conj. 401, CEP 90040-190 – Porto Alegre – RS
Tel.: (51) 3212-3151
www.celacan.com.br

Sumário

Apresentação

Malgrado a velocidade das mudanças em curso na sociedade atual, que são decorrentes, principalmente, do imediatismo das informações, os conceitos psicanalíticos, desde Sigmund Freud (1856-1939), continuam a ser respeitados e adotados pelas mais diversas áreas do conhecimento graças à sua descoberta do Inconsciente, que nos legou a maneira como os sujeitos humanos são estruturados e organizados psiquicamente.

Essa descoberta de Freud foi feita na contramão do saber médico, porque se este costuma ter a cada "doença" uma medicação que visa à "cura", o saber psicanalítico se propõe, através da escuta em transferência, a particularizar e singularizar o pensamento e o desejo inconscientes de cada analisando, o que possibilita dar lugar aos mesmos e, dessa maneira, este será surpreendido pela diminuição de seu sofrimento, ou, conforme dito, literalmente, por Lacan, irá "sofrer o menos possível" e, consequentemente, terá uma melhora da e na vida. Poderíamos dizer que a cura, no sentido de *guérison*, de "alta médica", e na acepção psicanalítica de direção da cura advém por acréscimo. Viria de "brinde".

Para Freud, a angústia sobrevém da impossibilidade de haver um objeto que satisfaça inteiramente o desejo humano. Não há, portanto, uma "pílula da felicidade" para a Psicanálise, nem um saber universal que dê conta das incertezas e inquietudes próprias do sujeito humano, já que este tende a colocar nas pulsões a causa do mal-estar civilizatório. Para Freud (conferir em "A Questão da Análise Leiga"), a Psicanálise teria mais a ver com a Literatura e as expressões artísticas do que propriamente com a Medicina.

Todavia, estudar o pensamento de Jacques Lacan (1901-1981) possibilita uma nova maneira de se pensar esse sujeito que é submetido às vicissitudes das pulsões: um sujeito que, para além da sua natureza genética, é marcado pela fala do Outro, pela falta, pela fantasia inconsciente, e que se pergunta incessantemente sobre o seu próprio desejo e sobre o seu lugar no mundo. Assim, esse sujeito, diante da decadência da imago paterna, já apontada por Lacan desde "Os Complexos Familiares" (anos 30), fica suscetível às pressões imaginárias da moda e da mídia, não herdando, por isso, do Sintoma Parental a edípica *potencialidade*.

Em nossa experiência clínica, podemos observar que as angústias que os jovens de hoje apresentam são, em geral, mais relativas a não saberem propriamente reconhecer e dar lugar aos seus desejos do que a um efeito de repressão aos mesmos, como parecia ocorrer outrora.

Dessa forma, o saber psicanalítico não pode ser desconectado da consistência e sensibilidade do sujeito e continua capaz de se fazer ouvir naquilo que lhe é específico, ou seja, *no desejo*, almejando o rigor da Ciência.

Por isso, a Psicanálise constitui-se, ainda hoje, em um dos mais eficazes tratamentos psíquicos, ao incidir sobre as causas significantes de cada sujeito e não meramente sobre os significados (rótulos) comportamentais. E é nessa esteira de raciocínio que temas como incesto, parricídio/filicídio, cinismo, impostura, impudência, intolerância, política, depressão/melancolia e sublimação (ciência/arte) se fizeram presentes neste evento.

O curso foi transmitido com rigor e fidelidade aos mestres austríaco e francês pelo Presidente de honra do Centro de Estudos Lacaneanos – CEL/RS, Professor Dr. Antônio Sérgio Mendonça, que ministrou uma conferência mensal de agosto a dezembro de 2008; segundo a revista *Ornicar*, da então École Freudienne de Paris, ele foi um dos introdutores do pensamento de Lacan no Brasil no Discurso Universitário.

Após cada conferência, no encontro seguinte, houve um debate com as psicanalistas Tânia Baumhardt e Sandra Beck da Silva Etges, que fizeram parte do ato de fundação do CEL/RS, e com os psicanalistas Márcia Forster Wazlawik e Ernesto Söhnle. O encerramento ficou por conta da psicanalista Rita Franci Mendonça, Presidente do CEL/RS.

O curso foi oferecido a profissionais com formação superior e estudantes universitários e teve caráter informativo e extensivo, não se constituindo em formação em Psicanálise.

Sandra Beck da Silva Etges
Psicanalista e Diretora de Eventos do CEL

Capítulo 1

O Édipo em Freud (fontes civilizatórias, áticas, egípcias e judaicas) e o Édipo de Lacan (Sófocles, Freud e Hegel)

Antônio Sérgio Mendonça

Vou começar por lhes contar algo que é muito engraçado. Uma das nossas psicanalistas em formação apresentou aquela angústia natural de uma pessoa que quer muito aprender e eu comentava (com ela) que a Tânia e a Sandra estão há 20 anos estudando comigo, sendo que ano que vem o CEL faz 20 anos. Lembro que a primeira vez que encontrei a Sandra foi num Congresso da Lacano-Americana (1987) e depois naquela palestra que eu dei na Maiêutica (1988). Porém, a partir de 1989, tínhamos um estudo sistemático e, para tal, ela vinha uma vez por mês para Porto Alegre. Aí, a moça em questão não se deu por contente e disse-me o seguinte: "há 20 anos atrás o senhor não tinha 60 anos, pode ser que daqui a 20 anos o senhor não esteja com a mesma disposição". Realmente, ela não deixa de ter razão. Lacan morreu aos 80 anos.

O Édipo grego (mito e tragédia) é uma das fontes do Édipo de Freud, talvez a mais importante. Mas a principal questão que levou Freud a indagar sobre o Complexo de Édipo foi uma questão que tem a ver, como bem ensinava Lacan, com a relação dele com seu pai, Jacob. Em função disso, ele se voltou a vida inteira, transferencialmente, para a questão: "O que é um Pai?". Freud foi um grande e brilhante neurologista, chegando a descobrir as propriedades terapêuticas da cocaína como anestésico para o laboratório Parke-Davis. A cocaína passou, depois dessa descoberta, a substituir, temporariamente, a morfina como anestésico nos hospitais, principalmente em tempos de guerra. Ele, então, teve "um sonho botânico" no qual conseguia (por diferença com uma identificação sua inicial, que apresentou em "Psicopatologia da Vida Cotidiana", quando se identificava com o médico turco, que era aquele médico valorizado por não curar, já que o médico turco era literalmente um assistente da morte) amenizar o sofrimento de seu pai. No seu "sonho botânico", sonha que lança mão das propriedades terapêuticas da cocaína para ajudar o seu pai. Então, "as pessoas" dizem que a partir daí ele se reconcilia com Fliess e avança na sua teoria do Édipo. Mas, se essa foi uma das suas motivações pessoais, a outra foi a pesquisa sobre Moisés que, segundo ele, o perseguia "qual uma alma penada". Isso lhe causou os maiores dissabores do ponto de vista da comunidade judaica, mais especificamente com um teólogo, misto de marxista e fundamentalista judeu (se é que isso é possível, e naquela época era), que chegou a propor a expulsão dele da religiosidade judaica, ao que o Freud teria respondido que era judeu, com muita honra, por etnia, mas não, necessariamente, por religião. Então, se ele não era judeu por religião, ele, logicamente, não poderia ser expulso da religiosidade judaica; e se ele o era por etnia, nem esse teólogo, nem ninguém poderia tirar-lhe a condição de judeu, transmitida pela maternidade incontestável. Encerrado o assunto, alguns adeptos mais intolerantes chegaram a mandar-lhe uma carta, que foi publicada, em que lamentavam que ele (e não as suas irmãs) não tenha ido parar num campo de concentração. Isso dito por um judeu naquela época era, no mínimo, cômico, se não fosse trágico. Isso é para vocês verem o aborrecimento que esse texto "Moisés e o Monoteísmo" causou a Freud.

Nesse texto, ele levanta uma tese que contradizia a tradição teológica e cultural judaica. Essa tradição, em síntese, dizia que o Moisés hebreu era uma evidência histórica e que o Moisés egípcio era um mito. Thomas Mann, ao escrever sobre José, ainda no nível ficcional, já dissera o contrário; pois, pelo fato de os judeus terem sido escravos no Egito, o que foi uma evidência histórica, e, também, pelo fato de Moisés ter sido criado pela irmã do Faraó, o que é, também, uma possibilidade histórica, os judeus, num processo de reparação mítica (que foi muito bem estudado por Roland Barthes, para o qual o mito tende a apresentar como perfeito e homogêneo aquilo que é uma fratura narcísica e que pode soar como uma humilhação a pedir reparação), tomaram esse Moisés (egípcio) – que foi possivelmente assassinado pelas tribos semitas quando quis levar a essas tribos a possibilidade de adoração do Amenóphis IV, que aí já se chamava de Ikhnaton (um deus único monoteísta no lugar do deus Osíris e dos outros deuses) – como um único Moisés. E esse Moisés teria sido morto porque oferecera a liberdade em troca da severidade, ou seja, a liberdade desde que adorassem o faraó como deus único. A situação perduraria não fosse um apoio inesperado que Freud teve do que era considerado, na sua época e até hoje, o maior antropólogo das religiões, que é o também judeu Max Webber, um homem ligado indiretamente à escola de Frankfurt. Max Webber demonstraria que o Moisés judeu era um mito e que o Moisés egípcio existira historicamente dando origem a esse mito. Então, os judeus inventaram a lenda do Moisés hebreu, que é análoga ao Édipo de Freud por ser o porta-voz da Lei do Pai, que traz a condenação do homicídio, o Não-do-Pai. Freud, então, agrega ao tema do monoteísmo a sua preocupação edípica. Se olharmos as fontes, ou seja, de onde Freud partiu para fundamentar a sua teoria do Édipo, veremos que não é a teoria grega, pois a parte grega que serve de fundamento para o Édipo de Freud é só o mito tebano e o *Édipo Rei*. O *Édipo em Colona* não parece pertencer à cogitação de Freud, visto que ele substituiu o enceguecimento, de quem o *Édipo em Colona* é consequência, pela Castração. Por conseguinte, a lenda tebana é que dará origem à peça de Sófocles *Édipo Rei*, que é a primeira das três peças da trilogia. A segunda é *Antígona* e a terceira é *Édipo em Colona*. Até porque *Édipo em Colona* necessita de *Édipo Rei*, pois seria preciso que o Édipo tivesse praticado o incesto e o parricídio para poder punir-se, cujo efeito é o que se passa em Colona e hiperdetermina-se à condição significante do anunciante Tirésias. Não se pode começar a história pelo fim, mas a cidade de Colona, em sua versão, enfatizava mais a punição do Édipo, enquanto a cidade tebana enfatizava mais a sua premonição, a comoção que dela derivava e o seu crime. Então, como nos disse Lacan, a grande fonte de toda a Psicanálise freudiana é o mito tebano. É a esse mito tebano que Freud se refere quando começa a construir a sua teoria edípica para responder a sua questão fundamental: o que é um pai? E esse mito tebano, na sua forma dramática (porque a tragédia e a comédia são, aristotelicamente falando, tipos de drama), é expresso em *Édipo Rei*, e esse tema, Rei, será fundamental para o desfecho e para a peripécia dessa peça. Nessa peça conta-se a história do assassínio do pai. O pai, Laio, cometera crimes e pagaria em agruras os crimes que cometeu. E que medida ele toma? Entrega seu filho, que acaba sendo criado pelo Rei de Corinto, e separa-se de sua mulher, Jocasta. Com isso, ele pretende evitar o parricídio que lhe fora predestinado. Mas vivia-se um momento da Grécia que não era mais o momento mítico, aquele que foi estudado por Platão e que corresponderia à épica, basicamente à *Ilíada* e à *Odisseia*, que é, por sua vez, uma consequência da *Ilíada*. Poemas originariamente recitados por Aedos e, na sua forma escrita, atribuídos a Homero por Platão, que expulsou os poetas, por razões morais, da sua utópica República. Ali, na épica, tinha-se o "maravilhoso", que era o fato de as ações humanas serem determinadas pelos deuses de tal forma que cada deus adotava uma parte da luta, adotava e protegia um ser humano para com isso intervir em seu destino.

Um grande estudioso, catedrático da Universidade de Oxford (Stephen Reckert em *Para além das neblinas de novembro*), chamou-nos a atenção de que a épica apresentava uma fusão entre *Gnosis* e *Eros*, entre o conhecimento e o desejo. Tanto é verdade que a motivação da primeira épica é um dom natural de arrebatamento (*népenthès*). Esse dom, perdido por Helena ao fim da guerra, levava todos que conhecessem o seu desejo a não querer abrir mão dela. Mas não é esse o momento de Sófocles. Entre a épica e a tragédia surge o período da Comédia e nele se destacava a greve do sexo; Aristófanes, por via da Comédia, enfatizava a "volta ao lar", que era, justamente, o abandono da guerra, da temática mítica da épica. A história de Ulisses, o Odisseu (porque o herói épico era um herói étnico: Odisseu quer dizer grego), é a história das peripécias para que se dê a sua "volta ao lar" após o seu retorno da guerra, daí a alusão ao tema épico do "repouso do guerreiro". E depois, tanto as mulheres gregas (que eram as esposas) quanto as prostitutas fizeram a greve do sexo para que se abandonasse a guerra. E, no lugar da guerra, apareceu outra evidência mítica que foi o fundamento da *Polis*. É esse período da *Polis* que a tragédia vem enfatizar, embora ainda apresente no lugar da democracia grega a figura étnica do Rei. Mas o tipo de herói mudou. O herói não é mais um herói étnico, aquele que age em nome do seu povo, e esse herói étnico era tão importante que pôde, em alguns casos, até autorizar o filicídio para que os deuses permitissem que as naus de

Esparta conseguissem sair para atacar Páris e Helena em Troia. Então, essa época é tematizada por Sófocles, que privilegia dar uma forma dramática a esse mito. O que é dar uma forma dramática? É submeter esse mito ao texto da tragédia conforme seus componentes formais e representá-lo num teatro de arena. Era uma encenação que tinha um anunciante, que tinha um "fosso", que apresentava vários personagens e que se passava durante vários dias. E esse teatro de arena, ao representar o texto trágico, dava ao mito uma lógica temporal que este obrigatoriamente não apresentava. Era a lógica do "futuro anterior", justamente o espaço temporal entre o anunciante (que era cego em *Édipo Rei* e que justamente por isso conseguia "ver" o acontecido antes dos demais; ou seja, Tirésias era o anunciante) e Édipo, o herói trágico que desconhecia a sua sorte e a vai conhecendo a partir do momento que esta lhe vai sendo revelada, daí Lacan dizer que ele era o que "por não saber, agia". Todavia, o anunciante cego revelava a sorte do herói antes ainda para a plateia através do coro, que é um repetidor, e foi o espaço do coro que deu origem ao espaço que chamamos de câmara.

Então, nesse sentido, com essa lógica do "futuro anterior", a tragédia *Édipo Rei* conta a história das vicissitudes de Laio e do seu filho que vai pagar em agruras os crimes que o pai cometeu. Consequentemente, ao contrário do herói étnico, o herói trágico é um predestinado, ninguém pode puni-lo, nada pode lhe acontecer pela mão de outrem, é um herói para além da consciência, não há consciência no herói trágico. O herói trágico é um predestinado que cumpre a "moira" anunciada por Cloé(s), e nada do que se fizesse poderia impedir que cumprisse esse destino, não podendo inclusive ser punido por outrem, porque ele é aquele que, por não saber, agiu. Mas como Édipo era Rei, e isso ainda marcava a sobrevivência de um traço épico (aí não mais uma épica ligada à etnia, mas uma épica ligada ao que o grego chama de cidadania: a fusão entre povo e Estado na figura do monarca), ele não poderia ser punido, mas seu povo podia em seu lugar. Então o que acontece? Por desconhecer que Laio era seu pai e por ser Rei, Édipo foi induzido a matar. Por quê? É uma coisa que se repete até na novela de cavalaria com o Rei Arthur, na disputa entre ele e Lancelot, pois diante de um riacho, numa ponte, um Rei não pode ceder espaço para um suserano. Aqui e lá um futuro Rei não poderia ceder espaço para um outro Rei, porque Corinto estaria humilhada diante de outro reino. Se soubesse que Laio era seu pai, ele poderia, sem humilhação alguma, ceder o espaço porque a paternidade estaria na origem da realeza. A origem do poder é divina, então o fato de ser o filho do Rei, sendo a filiação a origem do poder, isso seria mais importante (por ser precondição) e não colocaria o outro Rei acima, mas num olhar diverso. Por desconhecer e para não humilhar o povo de Corinto, ele vence e mata o seu pai e cumpre, então, o destino deste, e começa aí a também cumprir a sua predestinação. Édipo se apaixona pela belíssima mulher chamada Jocasta, viúva de Laio. Este se afastara dela para evitar o infortúnio, já que a profecia predestinada dizia que após o incesto haveria o parricídio. Por causa desse afastamento, Laio, também, não sabia que Édipo era seu filho. Mas um herói predestinado, um herói trágico, aquele que não cedia sobre o seu desejo, não poderia ser punido, sendo, então, o seu povo punido em seu lugar pela peste. Assim, do ponto de vista significante, "cega-se para o enigma" supondo-o decifrável para sobreviver; logo, Édipo interpretou equivocadamente, no nível do significante, a questão enigmática que lhe foi proposta pela Esfinge. Ele, que nada temia, foi ao encontro da figura fantasmática da Esfinge que devorava todos os homens que não a decifravam. Só que ela não poderia devorar um predestinado, mas ele não sabia disso. Então, a Esfinge lhe propôs a questão: que animal tem quatro pernas inicialmente, depois duas, depois três? Ele respondeu "é o homem", quando, talvez, tivesse que responder "sou esse homem!", porque na semântica da *pharmakeia* grega não há essa distinção, que temos na língua portuguesa hoje, entre o universal e o singular. O Rei falava ao mesmo tempo pelo universal e pelo singular. Ao dizer "é o homem!", diz, também, "é o homem que eu sou", pois se trata daquele corolário de Aristóteles: "Todo homem é mortal, Sócrates é homem, logo, Sócrates é mortal". Isso seria obrigatório para ele compreender a sua resposta. Ele não era um homem comum, era um herói trágico. Então, como consequência por não a decifrar integralmente, mas apenas parcialmente, não conseguiu nem ser morto por ela, nem escapar de seu destino.

E, em seguida, vem a versão de *Édipo em Colona*. Édipo foi a Colona e lá ocupou o lugar outrora de Tirésias. Tirésias era aquele que, sendo cego, conseguia ver o destino. Édipo então cegou a si próprio, daí o tema de enceguecimento, para que o seu povo não fosse mais punido pela peste; e, ao cegar-se, ele formulou, nesta versão, uma interpretação que é muito cara ao Discurso Universitário porque gosta dos efeitos morais, e muito cara à tradição latina, pois foi dela a apropriação usada pelo Iluminismo, que é o *Nosce te ipsum* e que, para começar, a expressão está em latim. A cultura latina foi uma forma de apropriação jurídica da mítica cultura grega. Então, em português é: conhece-te a ti próprio. Passa-se, portanto, uma ideia de que o Édipo conhece a si próprio quando ele não vê mais o exterior e sim o interior da própria alma. Nada disso importa para Freud. Para Freud importará o que Édipo diz quando descobre que matou seu pai, quando descobre que "transou" com a sua mãe: *Me funai*: "quisera não ter nascido com tal destino" (o traço de fundação melancólica da tragédia ática é expressado pelo seu herói). Ou seja, isso quer dizer da origem melancólica da tragédia grega: quisera ter morrido, quisera não ter nascido com tal destino. Então é este Édipo que importa para Freud. E o que mais importa para Freud compor a sua teoria do Édipo? Uma questão que ele observa com muita perspicácia, já que Freud é um leitor de Aristóteles. Quando Freud fez a faculdade de medicina, foi profundamente criticado por Meynert por fazer um curso que seria hoje de extensão ou eletivo com von Brentano. Von Brentano era, talvez, a maior autoridade alemã e austríaca em Aristóteles e Freud o conhecia perfeitamente, pois foi tradutor de Aristóteles para o alemão, fazendo os exercícios de von Brentano, nos quais se conhecia "A arte retórica e a arte poética" reunidas que são a estética de Aristóteles. Ali este vai dizer, estabelecendo uma axiologia, uma relação de valores entre os gêneros, que entre os gêneros o dramático era o mais importante e que, dentre as produções do gênero dramático, a mais importante seria a tragédia; e que, dentre as tragédias, a mais importante era *Édipo Rei*, porque era a que mais provocava o efeito de catarse na audiência. Catarse é uma identificação completa da audiência com a sorte do herói, que é cultivada por essa dialética entre o anunciante, o coro e o público. Como o público sabe antes da sorte do herói, se compadece dela e dele, que sofre por não saber. Anos depois na Inglaterra, já em seu exílio, Freud assistiu à peça *Édipo Rei*, segundo ele bem encenada, mas inteiramente deslocada de seus princípios cênicos. Era encenada no que nós chamamos hoje de "teatrão"; não era num teatro de arena para um público peripatético. Era uma peça de algumas horas em que os atos (no sentido de primeiro ato, segundo ato) de *Édipo Rei* foram colocados em falas. E ele disse que ficou entusiasmado, pois a reação dessa plateia inglesa moderna era análoga à reação descrita por Aristóteles da plateia original. Então, se Aristóteles evidenciou no *Édipo Rei* (e a peça citada era *Édipo Rei*, não *Édipo em Colona*) o princípio da catarse, Freud na Inglaterra, nos anos 30, evidenciaria o princípio da comoção.

Mas o que Freud aproveitou e o que ele não aproveitou da tradição grega? Aproveitou o mito do assassínio do pai, a proibição do incesto, a condenação do parricídio e através dela de todas as formas de homicídio. Na versão tebana do mito, a "moira" através de Cloé anuncia ao herói trágico, um predestinado, o destino do qual ele não pode fugir e pelo qual ninguém pode puni-lo: o *me funai* melancólico, "quisera não ter nascido com tal destino". O Édipo de Freud não é o Édipo grego, embora parta dele, embora a maior parte lhe seja devido. Não é o Édipo grego porque não estão em Freud os princípios da peça *Édipo em Colona*. Não há enceguecimento no Édipo de Freud, não há arrependimento de consciência no Édipo de Freud já que ele não leu o Édipo conforme a interpretação latino-moral do cristianismo e sim o Édipo grego a partir do mito. Mas, no lugar dessas coisas que não existem nele, o *nosce te ipsum* (conheça-te a ti mesmo) e o enceguecimento, o que entrou? Entraram o monoteísmo e a Castração. De onde ele tirou esses dois outros componentes da sua visão de Édipo?

O monoteísmo ele tirou da versão judaica da tradição egípcia, porque o monoteísmo é um termo egípcio antes de ser judaico: Moisés morreu, possivelmente, por Ikhnaton. E a Castração, outro tema que é estritamente judaico, que está no mito de Abraão: o mito filicida de que Abraão, casado com Esther, já estando ela extremamente velha, anciã, não podendo, portanto, ter mais filhos, oferece o seu filho em sacrifício ao Deus judeu. Este é um Deus que, ao contrário da tradição grega, não está no presente como o Deus cristão do Religare, só advém no futuro. No presente, tem-se que se submeter a ele. Deus, então, o livra dessa punição e sacrifica, no lugar do filho, o cordeiro de Deus que vai ser, justamente, a metáfora do que, depois, o Discurso de Roma (da igreja de Roma) vai localizar como o lugar do Espírito Santo. Este lugar entra numa concepção de Deus que não é judaica, mas a do Discurso de Roma, que é a concepção da Santíssima Trindade. Mas, voltando-se à história de Abraão, isso é uma metáfora da circuncisão obrigatória no rito de passagem que marca a questão judaica quando masculina. E Freud nos chama a atenção que toda e qualquer forma de mutilação é vivenciada, psiquicamente, como uma ameaça de Castração. Então, é dessa tradição de Abraão (do filicídio recalcado) e do seu lugar advindo, miticamente, o Cordeiro de Deus (mas, de fato, de uma mutilação parcial peniana como uma forma de entrada na vida adulta) que Freud tira a ideia de ameaça de Castração. Então, o Édipo de Freud não é sinônimo do Édipo grego, embora o incorpore.

Freud sempre dedicou ao Édipo uma preocupação constante em sua obra. O Complexo de Édipo é um conceito presente em toda a sua obra. Já o que ele cria como contribuição sua no Complexo de Édipo e que não estava nem na tradição grega, nem na judaica (porque se na judaica tem-se a história da mutilação e isto pode significar Castração, tal fato não tem nada a ver com o Édipo grego, no qual se tem o enceguecimento e não a Castração), ele jamais a demonstrou, a não ser no seu texto "O Fetichismo", no qual ele demonstra como, diante da ameaça de Castração, para não ser afetado por ela, coloca-se um objeto-fetiche nesse lugar. Mas ele jamais definiu a Castração propriamente dita. Quem vai fazê-lo na Psicanálise é Lacan. Mas se ele apenas denunciou e demonstrou seu apreço em relação à Castração, ele define o Édipo. E como é que ele vai definir o Édipo? O Édipo para ele vai ser um Complexo. O que é isso? Ele acha que os falantes, diante da relação de identificação com a paternidade, se comportam como se fossem a audiência do Édipo quando identificada ao drama edípico. Freud em momento nenhum acha que se vai para o lugar de Édipo. Vai-se para aquele lugar que ele e Aristóteles valorizaram tanto: o da audiência inteiramente identificada com a sorte do herói trágico; então, o Complexo de Castração é a suposição de que pode lhe acontecer o mesmo que aconteceu com o Édipo; com o Édipo de Freud, porque no Édipo grego não há Castração.

Logo, assim pensado, o Complexo de Édipo para Freud é sinônimo de Castração, e o Complexo de Castração equivale possivelmente à neurose. É supor que, pelo fato de se identificar com o pai e desejar momentaneamente a mãe, o que lhe é negado, para que possa desejar outras mulheres, só o fato de isso ser cogitado (não efetivado) criaria a suposição de uma ameaça de Castração. Portanto, Complexo de Castração é o neurótico pensar que a Castração do pai é sua, ou seja, tomar essa ameaça fantasmática como se ela fosse ocorrer na realidade. No Complexo de Édipo, há uma identificação ao pai para poder inicialmente desejar a mãe, mas, depois que ela lhe for negada, desejar as outras mulheres: "esta não, mas todas as outras sim"; e a menina, já que para Freud, desde a Grécia, o Complexo de Electra é variante inversa do Complexo de Édipo, se identifica à mãe para poder desejar o pai: "este não, mas todos os outros sim", isso enquanto for lendário e estrutural. Quando isso vem para a prática, isso se transforma no Complexo de Castração, porque o Édipo é a proibição do incesto e a Castração, daí a identificação com o herói grego, é a privação do incesto. Por isso, pelo simples fato de ter fantasiado, de resolver tomar a Castração do pai como sua, o sujeito deverá punir-se; daí, paradoxalmente, o Complexo de Castração ser sinônimo de Neurose. Essa é a contribuição freudiana à teoria edípica. E mais ainda, se o Édipo é fundamental no raciocínio clínico de Freud, é porque a ausência do Édipo e/ou o seu desmentido estabelecerá a diferença entre Neurose, Psicose e Perversão.

A Neurose se dá quando o Édipo é incorporado, ainda que o neurótico o incorpore fazendo um jogo: ele toma para si o que é do pai (enquanto castrado) e atribui ao pai o que existe para si (como sintoma); mas ele passa pela identificação paterna. Trata-se do "Pai do Nome" para Lacan.

Na Perversão a identificação paterna é rejeitada. Ela existe, mas é renegada: "eu sei, mas mesmo assim".

Já na Psicose não há identificação paterna. Freud usa para a Perversão a palavra *Verleugnung*, que é desmentido, para a Neurose a palavra *Verdrangung*, que é recalque originário, e para a Psicose a palavra *Verwerfung*, que é foraclusão do NP, quer dizer, se não há relação com a identificação paterna, coloca-se o delírio nesse lugar.

Outra contribuição fundamental de Freud e que foi muito mal tratada pelas mais diversas áreas do conhecimento é o conceito de homossexualismo, porque usam este termo em vez de usar o termo homoerotismo. Só que homossexualismo para ele não teria nada a ver com preferência sexual de ninguém. Homossexualismo seria uma forma de delírio psicótico. Ele lê os livros do presidente Schreber. O presidente Schreber acreditava ser "A mulher de Deus", porque haviam "assassinado a sua alma". Essa alucinação verbal e o delírio daí decorrente caracterizam a Paranoia para Freud. Homossexualismo aí é a incapacidade de formular, ainda que imageticamente, metaforicamente, a diferença sexual. Essa indiferença sexual é que é, para Freud, homossexualidade, e Schreber apresenta isso na forma de delírio.

Schreber era casado, tinha filhos e não há nenhuma evidência de que ele teve contato homoerótico com alguém. Infelizmente, quando Freud tratou da "Jovem Homossexual", que era um caso de homoerotismo que ele define como um tratamento de Histeria (portanto não tinha nada a ver com o delírio de Schreber), ele usa o termo homossexual onde deveria usar homoerotismo, levando as pessoas a confundirem os dois. A "Jovem Homossexual" era alguém que, por ter um pai sedutor, abolia a ideia de homem, a ideia de paternidade, extensiva inclusive a seu analista Freud, e resolvera ser, do lugar de mulher, homem para as outras mulheres, já que o pai sedutor a tinha agredido. Essa lição é, "tecnicamente", um caso de Histeria com traço homoerótico, dito também "homossexual".

Mas Freud, infelizmente, criou essa confusão e, então, ele próprio não deixou divulgar como deveria a sua teoria que era a mais óbvia: o Complexo de Édipo. Nela se tinha sempre a presença da denegação, de uma negação de algo. Então, você, "menino", se identificaria ao pai e, ao fazê-lo, iria desejar o objeto por este desejado, ou seja, a mãe. Isso cria a possibilidade de este pai, com seu "não", lhe dizer, através da própria mãe: "esta (mulher) não, mas todas as outras sim". Isso é que é o Complexo de Édipo. Já no lugar de menina, a operação é uma inversão simples: ela vai para o lugar de identificação à mãe para poder desejar o pai, e a mãe vai-lhe dizer: "este (homem) não, mas todos os outros sim". Todavia, na preferência homoerótica há uma dupla negação, há uma negação e uma posterior anulação da negação. Então o que acontece? O menino, na identificação homoerótica, quando identificado ao pai, anula a identificação paterna e em vez de dizer "esta não", diz "esta sim", mas como está vigente a Castração e ele não pode praticar o incesto, então ele vai ter a sexualidade inscrita na infância e depois, possivelmente, reproduzida na adolescência como se fosse uma mulher como a mãe. É isso que explica o homoerotismo para Freud: o processo identificatório. O menino não consegue se identificar ao pai e se identifica à mãe, mas como está vigente, parcialmente, a Castração, ele não "pratica" o incesto, então ele vai praticar o sexo como se fora uma mulher qual a mãe.

Com a menina dá-se aparentemente a mesma coisa, só que pelo avesso. Assim Freud apresenta-nos um tipo de funcionamento do Édipo como engano, no qual as "escolhas" objetais seriam, identificatoriamente, subtrocadas. E isso não é nem anormal, nem patológico. Portanto, ele não estaria privilegiando o Édipo como normalidade já que o Édipo para ele é uma normatividade, e normatividade não é normalidade. Trata-se, simplesmente, do modo de constituição do objeto sexual segundo as relações de identificação, de agressividade, de repúdio e/ou de rejeição havidos na infância e não reconfigurados na adolescência. Embora Freud não tenha essa flexibilidade, segundo o pensamento de Lacan pode-se reparar completamente a cena sexual na adolescência: pode-se perversificar, pode-se homossexualizar no sentido delirante, ou pode-se experimentar referências homoeróticas, porque, se a sexualidade é infantil para Freud, Lacan abona isso, já que sexualidade infantil não é criança ter "tesão". Sexualidade infantil é a constituição da sexualidade na infância, e ela é, por isso, reconfigurada na adolescência, porque há uma pressão pulsional de caráter sexual óbvia em função das mudanças hormonais e dos órgãos genitais, como também de pressões sociais de caráter egoico.

Então vimos até aqui o que o Dr. Freud nos ensinou sobre Castração e Édipo. Agora passaremos ao Dr. Lacan.

Freud era Neurologista e Lacan era Psiquiatra de origem contratual, mas isso não os impediu de, respectivamente, fundar e reconfigurar a Psicanálise.

Há uma concepção de Édipo no mito grego e uma concepção de Édipo um pouco diferente na peça grega, porque no mito grego tem-se uma variante em Colona e outra em Tebas. Nas peças, o *Édipo em Colona* comparece como conclusão do Édipo tebano. E há outra concepção em Freud, como eu já mostrei, e ainda outra concepção de Édipo em Lacan. Mas há, entre elas, uma relação cumulativa. A concepção de Sófocles pressupõe uma abstração da concepção mítica grega. A concepção de Freud pressupõe a absorção da de Sófocles e o agregado da contribuição egípcia e judaica. E a contribuição de Lacan pressupõe o Édipo de Freud, que já contém o Édipo mítico grego, o Édipo de Sófocles. Ele vai retratar o Édipo de Freud, mas vai acrescentar mais uma coisa. Vai acrescentar aquilo que ele chamou de Mestre Castrado, por influência do filósofo alemão Hegel, que ele estudou com Kojève, fazendo o seu seminário sobre *A Fenomenologia do Espírito*. Kojève foi, juntamente com Koyré, que depois foi para os Estados Unidos, o introdutor da fenomenologia clássica alemã (romântica) na França. Mas, aí, o que aconteceu? Então, Kojève ensinou uma geração de pessoas como

Lacan, Merleau-Ponty, Queneau e Hippolyte, que foi o verdadeiro introdutor das traduções alemãs de Hegel na França, e depois ele foi ser assessor do de Gaulle.

Voltando-se a Lacan, ele incorpora, do Édipo ático, o mito tebano; do Édipo em Sófocles, o *Édipo Rei* e não o Édipo em Colona; do Édipo em Freud, não o "enceguecimento" e sim a Castração a partir de suas fontes judaicas. Então vejamos como é que Lacan define Édipo. O seu livro dos anos 30, chamado de "Complexos Familiares", nasce como um verbete para a enciclopédia francesa em que Henri Wallon, que, paradoxalmente, é alguém cuja teoria presente no livro *O Ato e o Pensamento* ele contesta nesse verbete, o convida a publicar. Ele, então, publica esse verbete sobre a família e depois lhe dá uma forma de livro.

Nesse livro, para Lacan, existiriam três complexos familiares: O Complexo de Castração, o Complexo de Desmame e o Complexo de Intrusão. Ao falar em desmame ele estava criticando Otto Ranck, discípulo de Freud, que falava no "trauma do nascimento". Para Lacan não haveria "trauma do nascimento" e, sim, desmame. Já o Complexo de Intrusão teria a ver com a rivalização entre irmãos. Nas famílias, a rivalização entre irmãos faria com que um irmão pudesse ser visto ou se sentir como intruso para outro irmão, e isso iria desencadear ou uma rivalização histérica, ou uma perigosa exclusão psicótica.

E, fundamentalmente, o que nos interessa agora é o Complexo de Castração. Complexo de Castração, para ele, é uma efetivação, uma concretização do Complexo de Édipo, o que significa a presença do Complexo de Édipo na Neurose. Depois, nos anos 50, ele vai definir o Édipo, no Seminário *Relação de Objeto*, como identificação viril ou normatividade edípica. Ele, aí, vê o Édipo como um conceito no campo das identificações: a identificação por "colagem" ao objeto amoroso quando "morto", que é a Melancolia; a identificação sexualizada à mãe, que é o Fetichismo; e a identificação à imago paterna, que é o Édipo. Esta última teria efeitos normativos, porque estabeleceria uma série de proibições: proibição do incesto, proibição do parricídio e proibição do homicídio. Isso nos anos 50.

Depois, nos anos 60, no seu *Escritos*, que é uma reunião de textos esparsos seus, ele vai se referir e conceituar várias vezes e de várias formas o Édipo. Primeiro, ele disse que o Édipo era a proibição do incesto, enquanto a Castração era a privação do incesto. Ou seja, a proibição seria universal, a privação seria "a parte que te cabe neste latifúndio", quer dizer, você se inscrevendo na universalidade, e a Neurose seria a suposição de punição do incesto.

É importante que entendam: o incesto de que ele está falando aí nunca é uma prática, é sempre uma fantasia, uma fantasia perversa.

Ainda nos anos 60, ele vai dizer que o Édipo é o Pai Simbólico, que é a metáfora do "pai morto". É óbvio, mas Laio foi o quê? – O "pai morto". Foi preciso matar o pai para, no lugar dessa morte, estabelecer uma Lei que proibisse o parricídio e também o homicídio. É esse o raciocínio dele, mantido, inclusive, no conceito posterior de *le Père Sévère*.

Depois Lacan diz que o Édipo é a "significação do Falo", quer dizer, como o Falo é impossível, ele vai atribuir a função fálica à função do pai. Lacan vai chamar isso de Falo significante; o pai seria o significante do Falo, daí Nome do Pai. Isso tudo nos anos 60, quando ele também disse que o Édipo é a efetivação da Metáfora Paterna, e aí estabelece uma grande cisão com a escola inglesa, porque tanto Lacan quanto Freud privilegiam o pai, enquanto Melanie Klein privilegiava a mãe. Mas Lacan não dissociava o Nome do Pai do Desejo de Mãe, pois Metáfora Paterna é a junção dessa referência ao significante do pai, à imagem do pai que ele chama simbolicamente de Nome do Pai representado pelo Desejo de Mãe. Metáfora Paterna é a "soma" dos dois, porque é através do Desejo de Mãe que o Pai diz o seu não. Então a Metáfora Paterna é o fato de que, em Nome do Pai, diz-se o Não do Pai, e quem o diz é o Desejo de Mãe. E esse circuito seria, para Lacan, a efetivação do Édipo.

Nos anos 70 ele definiu o Édipo como "amor heterossexual pelas mulheres". Heterossexual é quem ama as mulheres, e com isso ele cria uma questão básica e complicada com as feministas, que poderiam ser "histéricas" e não mulheres, porque elas reivindicavam aquilo que Freud, equivocadamente, dissera ser um atributo das mulheres: a "inveja do pênis". Contudo, para Lacan, este seria um atributo só das histéricas, e se as feministas reivindicavam a posição social e sexual dos homens à guisa de igualdade... Ora, não poderia haver igualdade entre os sexos porque eles são fundados na diferença, e o fato de terem direitos sociais análogos não os torna iguais, pelo contrário, porque, se esses direitos sociais análogos forem corretos, homens e mulheres vão se tornar, cada vez mais, diferentes. Então, Lacan vai dizer aí que "heterossexual é o que ama as mulheres", porque amar as mulheres é amar a diferença e as mulheres portam a diferença para os homens. Lacan faz, com isso, uma abertura muito grande, porque ele está, paradoxalmente, aproximando a nossa cultura da cultura medieval, tida como sexualmente conservadora. Na novela de cavalaria, quando o herói sai daquele momento de idealização da mulher como inalcançável, ele ascende à paternidade pelo reconhecimento amoroso de uma das mulheres, porque se propõe a amá-la. Essa é a história de Lancelot e do herói português Amadis de Gaula, que vai ser herói na pequena Bretanha já que a Grã-Bretanha era a Inglaterra de Avalon...

Posteriormente ele apresenta mais duas concepções de Édipo.

O Édipo como efetivação do que ele chama *le Père Sévère,* que literalmente seria o pai severo, mas que não é. Ele vai, então, ao texto de Freud "Totem e Tabu". Neste texto, Freud recorre, provavelmente, a Gilgamesh, o "Rei de Uruk[1]" que, qual o pai da horda primitiva de Freud, privava a filia da sexualidade porque queria tomar todas as mulheres para si. Porém, se ele tomasse as mulheres todas para si, ele condenaria a filia à homossexualidade, ao homoerotismo, e para evitá-lo os filhos o matam. Então ele diz que é preciso que haja a morte desse pai da horda primitiva, que negava a sexualidade à filia, para haver o pai simbólico, porque só é possível representar o pai simbólico como "pai morto" se o pai real tiver sido morto. Ele chama isso de *le Père Sévère.*

E por último, nos anos 70, ele vai apresentar sua última contribuição sobre o Édipo: no Seminário *O Avesso da Psicanálise* ele traz a questão do Mestre Castrado, questão que ele tira de Hegel.

Ao longo da obra dele vocês verão vários momentos de construção do conceito de Castração, que é insuficiente na obra de Freud. Ele vai ter um conceito de Castração no *Relação de Objeto,* vai ter outro conceito, primeiramente, nos anos 30, no "Complexos Familiares", depois no *Escritos,* em 1960, e por último no *Avesso da Psicanálise,* em 1970, em que Castração

---

1 Mito assírio e/ou caldeu, também presente na cultura judaica, que vira uma peça dramática anônima cujo herói chama-se Gilgamesh, "O Rei de Uruk".

passa a ser "o reconhecimento de que não há saber algum possível sobre o gozo", é o anti-Prometeu. Prometeu acreditava que havia um saber sobre o gozo e que ele doaria este saber aos homens. Por isso foi acorrentado, e do delírio inferiu-se o masoquismo erógeno, próprio da megalomania.

Lacan diz, ali, que Castração é o reconhecimento de que não há nenhum saber possível sobre o gozo: o gozo há e pronto, porque, desde Freud, qual o efeito que Freud acrescentou ao Édipo grego? – a Castração. Se a Castração para Lacan é o signo de Édipo, se é o efeito de Édipo, o verdadeiro Édipo seria aquele que, ao reconhecer que a Castração é do pai, renunciaria a dar qualquer sentido ao gozo. O gozo é, qual a estética de Kant, seja na *Crítica do Julgamento*, seja na *Crítica da Faculdade do Juízo*, uma finalidade sem fim. O gozo só serve para gozar. Consequentemente, ao conceituar (mediatizar) o gozo, transforma-se o gozo em desejo. O desejo é algo que rechaça o gozo, mas o "falante" dá sentido ao gozo. Porém o gozo não tem nenhum sentido que não ele próprio, e a Castração é poder reconhecer isso, é abrir mão disso. Neste momento Lacan volta ao Freud principal, ao Freud das impossibilidades, para quem ensinar, governar e psicanalisar seriam da ordem da Paranoia. Por quê? Porque o "falante" está sempre criando um sentido para impor aos outros: ou tem um modelo de sociedade e quer impor aos outros, ou tem um modelo de educação (e todo o modelo de educação tem o seu modelo de homem e o seu modelo de comportamento) e quer impor aos outros. Isso para ele é da ordem da Paranoia.

Então, renunciar a essa sede de sentido é o que, na realidade, se reconhece como sendo a Castração do pai, e não há nada a fazer sobre isso a não ser reconhecer esse "juízo de existência". Desde o Édipo grego (mítico), quem cometeu a desonra anterior e teria que ser punido foi o pai, Laio, e não o seu filho, Édipo, mas o filho é que seria punido matando o próprio pai. Então este é o sentido definitivo de Castração e ele chama esse capítulo de "Moisés, o Édipo e o Pai da Horda".

Foi isso que Freud e Lacan disseram sobre o Édipo e a Castração.

No Discurso do Mestre e na Sublimação a ele pertinente, produz-se um saber que só serve para saber, ou seja, para gozar, que não serve para reformar a sociedade (pois isso pode ser Paranoia), que não serve para isso ou para aquilo, em suma, para nenhuma Pedagogia. É um saber, por exemplo, de um autor, seja de arte ou de ciência, como diz Freud na Sublimação. Ele produz aquilo para seu próprio gozo. Se o seu próprio gozo, depois, tem serventia para terceiros isso é outra história: trata-se de discípulos. O sujeito que quer produzir para ter serventia para terceiros acaba não produzindo o seu próprio gozo. O Mestre Castrado é um autor que reconhece que só está a serviço de seu próprio gozo. Isso se refere a não fazer as coisas "sob encomenda": sejam encomendas pedagógicas, sejam encomendas sociais. E isso fica muito claro para quem lida com a obra de arte. Picasso, além de suas mulheres, cuidava do próprio gozo. Dalí, além de seu ego, cuidava do próprio gozo, o que não impediu que as suas obras tivessem a maior repercussão para um grupo de pessoas que com elas se identificavam. Mas se fizerem isso intencionalmente, vão fazer "realismo socialista" e, qual os muralistas pós-revolução mexicana, vão fazer aquele tipo de arte de "massa" que serve apenas para conduzir a obra panfletariamente. Ou então um colégio determinado que tenha uma concepção de educação, como os jesuítas que eram mestres nisso: a pedagogia dos seletos conduzia a isso. Era até democrática, em certo sentido, para a época, porque eles arregimentavam pessoas com valor intelectual e não apenas por serem da nobreza. A seleção não estava na democracia nem na nobreza e sim no Deus deles: "uma só fé, uma só lei e uma só espada" como, de Paris, bradou Loyola. Eles pegavam pessoas de origem indígena, negra ou mestiça e, desde que seletos, eles os defendiam, às custas de estes abrirem mão do próprio gozo, pois os defendiam desde que eles expressassem essa trilogia tridentina.

Em síntese: Lacan é um grande contestador do André Green, da IPA, que propõe a questão: *Édipo: mito ou verdade?* Édipo nunca pode ser uma questão de verdade. Édipo é sempre uma questão mítica. Questão de verdade é uma questão sintomática ou filosófica. Édipo não está ensinando ninguém, Édipo sequer é autor. Édipo é um personagem que simboliza as agruras da humanidade na relação entre o desejo e o gozo.

Esse equívoco lembra-me como Freud embasava a sua teoria do Édipo no seu texto "Moisés e o Monoteísmo". De seu ponto de vista, há que se universalizar esse procedimento para evitar equívocos, como a ideia sociológica de que só existe Édipo no modo de produção capitalista. Então, um medieval não teria pai, um comunista não teria pai... Na realidade, as culturas monoteístas centralizariam a figura do pai até no nível divino, na figura do Deus uno. Contudo, isso não impediu que houvesse tal evento nas culturas politeístas. E até a Grécia, quando caminhava para o Édipo, não tinha mais o politeísmo com a força que houvera na tradição épica, pois o destino já podia mais do que todos os deuses do "maravilhoso" juntos. O que ele quer dizer também é que, neste sentido e neste momento, a cultura judaica e a cultura egípcia se alinhavam nessa questão edípica pelo solo comum do monoteísmo, embora o politeísmo persistisse na Grécia e em Roma.

Uma das questões que existem na sociedade contemporânea, dita pós-moderna, uma sociedade de banalização da cultura, é o fato de que para Lacan, desde os anos 30, haveria um enfraquecimento, uma espécie de esvaziamento da identificação paterna, e na razão direta desse esvaziamento da identificação paterna houve um aumento da agressividade, um aumento da impostura, um aumento da impudência, que quer dizer falta de vergonha, porque não parece ter havido um modelo de identificação a seguir.

É lógico que se pode reconhecer que, nessas sociedades, a função paterna esteve muito misturada com o patriarcado, mas, paradoxalmente, não tem relação uma coisa com a outra, porque o patriarcado nunca expressou, senão de forma perversificada, a função paterna.

Em síntese: a identificação paterna, não a imaginária com a imago paterna e sim a simbólica com a função paterna, deveria guardar uma relação singular com o gozo. Então, poder-se-ia indagar: se não há saber possível sobre o gozo, qual seria a relação do gozo com essa identificação paterna? A identificação paterna tende a recalcar o gozo e toma o seu lugar, e como o gozo é impossível, mas não se deixa de pleiteá-lo, tem-se que ter algo que funcione em nome dele para que esse gozo não assuma uma forma perversa ou psicótica. Portanto, se ele não tiver essa mediação simbólica, ele não vai deixar de existir. O Schreber, em *Verworfen*, não gozava dizendo-se "a mulher de Deus"? E insisto, por que nós temos o equívoco de reduzir o gozo à dimensão edípica se, no Édipo, o gozo é apenas o gozo fálico? O gozo não é necessariamente o gozo fálico já que há gozo na sublimação, há gozo no delírio, há gozo na santidade, etc... Então, do ponto de vista do Édipo, ele formula uma via fálica para o Gozo e, formulando uma via fálica para o gozo, fica possível metaforizá-lo. Mas quem disse que não há gozo no delírio místico? É lógico que há, chama-se "ejaculação mística". Quem disse que não há gozo na Sublimação? Se não houvesse, ninguém faria obra de arte, ninguém se lançava à projeção científica, não haveria a ação da freudiana "poderosa" pulsão de pesquisa.

Normalmente, na história do ocidente, e não digo recentemente, porque há todo um envolvimento disso na indústria da cultura, mas tradicionalmente, na história do ocidente, essas coisas não eram tão bem remuneradas assim. Necessariamente, o prestígio não era pecúnia... Se levarmos em conta o que Leonardo da Vinci produziu para a humanidade, até que ele foi um homem pobre. Se lembrarmos de Vatel, afastando-nos, como Lacan nos sugere, de Pascal e Kant, vemos que a servidão aliada à desonra foi paga com o próprio autossacrifício, algo, sem dúvida, originariamente medieval, mas raro nos nossos tempos de impudência. Mas o gozo deles estava em produzir aquilo, ora em ser um engenheiro, ora em ser um mestre de banquetes, enquanto Joyce parecia se preocupar com reconhecimento.

Assim sendo, o Édipo e a Castração inscrevem o sujeito falicamente face à dicotomia entre o Desejo e o Gozo.

CAPÍTULO 2

O ÉDIPO EM FREUD E LACAN

*Coordenação: Tânia Baumhardt**

Hoje estamos dando início à série de debates sobre os temas dos seminários do Professor Antônio Sérgio, conforme o cronograma do curso.

Antes, no entanto, de começar a falar sobre Édipo, farei uma breve introdução abordando as diferenças entre os caminhos conceituais de Freud e de Lacan. São diferenças importantes, e saber delas lhes dará uma condição diferente de escuta.

Dizemos que o caminho conceitual de Freud é metonímico e o de Lacan é metafórico e abdutivo. O que significa isso? Freud funda uma teoria, funda conceitos e à medida que ele vai avançando na sua obra ele os modifica, parcial ou totalmente, mas o tempo todo lhes mantém o mesmo nome. É a parte pelo todo, e por isto este caminho é dito metonímico. Já o caminho de Lacan é metafórico, ele age diferente de Freud. Lacan cria conceitos, nomeia-os, vai transformando estes conceitos ao longo de sua obra e, mesmo que as mudanças sejam parciais, troca-lhes o nome (com algumas exceções, como é o caso do conceito de Inconsciente). Assim sendo, no momento em que troca o nome ele já está falando de uma coisa diferente porque já trocou parcial ou totalmente o significado daquele conceito e deixa isto bem claro. Como exemplo, poderíamos destacar Nomes-do-Pai, Nome

---

* Psicanalista, membro fundador do CEL, diretora secretária da instituição e especialista em clínica pelo CRP/RS.

do Pai, Pai do Nome, Pai Sintoma, Pai Perseverante (*le Père Sévère*), etc... E é abdutivo porque vai se apropriando de conceitos de vários autores, mas se apropria do nome mudando-lhe o significado.

Pergunta-se, então: que efeito isto tem na obra de Lacan? Aparentemente a obra de Freud é mais fácil de ser lida, pois Freud tem um estilo mais descritivo, positivo. Quem lê um texto de Freud supõe, frequentemente, que entende tudo. Freud ganhou um Prêmio Nobel de Literatura (e não de Psicanálise) em função desse estilo de escrita. Isto, na verdade, se prestou muito aos equívocos que vieram a acontecer depois, ou seja, às deturpações que foram feitas de sua obra. Para poder ler e entender a obra de Freud tem-se que ter o domínio dessa evolução, de suas mudanças conceituais. Saber que aquele conceito significa uma coisa naquele momento e que num outro momento pode significar outra coisa.

Já Lacan, propositalmente, tem um estilo diferente de escrita. Ele escreve de uma forma aparentemente mais hermética, tida como mais difícil, e em função dessa já citada troca de nomes para cada conceito modificado, bem como de sua apropriação abdutiva de conceitos de outros autores, ele tem uma nomenclatura bem mais ampla e uma linguagem muito particular, específica. Seus textos são de uma leitura complexa e têm que ser estudados para serem absorvidos. Por isso Lacan diz, em 1980, em sua carta da dissolução da Escola Freudiana de Paris, como publicado no *Ensino de Lacan II*: "falo sem a mínima esperança de me fazer entender corretamente", dizendo com isto que a sua obra não é para ser entendida, mas para ser decifrada. E diz mais conforme nos relata Jacques-Alain Miller em *Outros escritos*: "Bastam dez anos para que o que escrevo fique claro para todos...". Lacan tenta evitar acontecer com sua obra o que ele viu acontecer com a de Freud. O estilo tido como fácil de escrita de Freud possibilitou muitas deturpações. Usaram o seu nome, mas a sua autoria foi muito deturpada, e foi tentando evitar isto (o que não conseguiu) que Lacan criou o seu estilo dizendo com este resgatar o nome de Freud. Ainda na carta da dissolução, disse a seus detratores: "[...] e os abandono para que mostrem o que realmente sabem fazer, além de me sobrecarregar e transformar em nada o que é ensinado de forma rigorosa".

Outra coisa importante a dizer é sobre a relação entre Freud e Lacan: qual é a relação entre eles? Qual a importância de Freud para Lacan e vice-versa?

Lacan é um psicanalista francês que nasceu em 1901 e morreu em 1981. Não foi, praticamente, contemporâneo de Freud, pois Freud nasceu em 1856 e morreu em 1939. Lacan e Freud mal se conheceram, não conviveram. E, quando Lacan mandou sua tese de doutoramento para Freud ler, diz-se que Freud mal a leu e a devolveu com um cartão de agradecimento "rasurado"... Independente disso, Freud foi seu mestre, Lacan chegou a dizer em 1980, quando veio a Caracas, que era o único freudiano (seguidor de Freud); logo, a obra de Lacan começa a se tornar conhecida, começa a ganhar espaço e importância, a partir de um resgate que ele fez da obra de Freud. Ele quer resgatar, como diz em *Meu ensino*, a verdade freudiana e busca um retorno a Freud. Para tal, parte de conceitos freudianos, passa a modificá-los e, no final, a teoria de Lacan é quase completamente diferente da teoria de Freud. No início ele diz que o Inconsciente é de Freud e que ele, Lacan, o disse simbólico. No final, ele diz que o Inconsciente é de Lacan (porque ele muda totalmente o conceito de Inconsciente no final de sua obra) e que Freud apenas fundou um campo matêmico (conceitual). A sua teoria final (a do campo do gozo, dito, por ele mesmo, lacaniano) vai ser completamente diferente da de Freud.

Portanto, será em função dessas questões que começaremos a apresentar-lhes estes conceitos a partir da obra de Freud.

Retomaremos, então, o tema "Édipo em Freud e Lacan", que foi a primeira aula do Professor Antônio Sérgio.

O drama de Édipo é composto por uma trilogia que se chama *Édipo, o Tirano* (*Édipo Rei, Édipo em Colona e Antígona*). Freud, quando se utiliza deste mito, privilegia a versão tebana e a sua primeira parte, o *Édipo Rei*, que foi dramatizado por Sófocles. Sófocles a dramatizou com o objetivo de provocar catarse.

Mas o que é Édipo? Édipo é uma história de incesto e parricídio, às custas do herói trágico. O herói trágico era um predestinado, ele desconhecia o seu destino e as consequências dele. Por desconhecer que Laio era o seu pai e que Jocasta era a sua mãe, Édipo mata o pai e tem uma relação amorosa com sua mãe. Édipo era Príncipe de Corinto, e o povo (na tradição ática) vive, etnicamente, através de seus soberanos. Segundo esta tradição, um soberano não poderá ceder o seu lugar, e, ao seguir por uma estrada em direção a Tebas, procurando exílio justamente pensando fugir ao seu destino, Édipo encontrou Laio, Rei de Tebas, que seguia com uma comitiva pela mesma estrada. No momento de seu encontro, Édipo foi tirado do caminho e, para se defender daquela agressão e não ceder seu lugar na passagem, lutou e acabou matando Laio e seus acompanhantes sem saber de quem se tratava. Se Édipo cedesse, ele estaria desvalorizando o seu povo. Como ele não podia ceder, matou Laio, cumprindo, aparentemente, com a sua obrigação como Príncipe que era, mas de fato com a predestinação parental. Édipo, então, seguiu em direção a Tebas, lá desvendou aparentemente o enigma da Esfinge que aterrorizava a cidade há tempos e como prêmio foi coroado Rei de Tebas e recebeu Jocasta, a rainha viúva, em casamento. Ficou impune pelo assassinato de Laio (pai, e não de Laio Rei, já que, como futuro Rei, caberia matá-lo em nome de seu povo e, portanto, não caberia punição. Contudo, bastar-lhe-ia ser revelada a condição de paternidade para que deixasse Laio passar sem haver nenhuma desvalorização de etnia) já que os deuses não podiam puni-lo por ser um predestinado, mas o seu povo foi punido em seu lugar. Ao ser novamente consultado, o oráculo revelou que a punição só cessaria quando o assassino de Laio fosse banido de Tebas. Isto fez com que, finalmente, Édipo viesse a saber que tinha matado Laio, que era seu pai, e desposado Jocasta, que era sua mãe, cumprindo assim a sua predestinação, e então, para que seu povo não mais sofresse as consequências de seu ato, ele se cegou, praticou o "enceguecimento".

O que significa esta questão de fato? O incesto aqui é um álibi que importa para a questão do Édipo como meio de condenação do parricídio. Logo, importa o fato de que ele só é Édipo, só tem essa importância, esse valor, porque assassina o pai, porque só em função do assassinato é que ele toma conhecimento de que Laio era o seu pai e Jocasta a sua mãe, e se torna Rei.

Lacan, quando fala desta questão do Édipo no *Relação de Objeto*, diz que Édipo era o sonho de Freud, mas sonho no sentido que esta palavra tem para Freud, que é uma manifestação do Inconsciente. Édipo é aquilo que Freud quis eternizar. E o que ele quis eternizar nesta história? A diferença entre a imortalidade monoteísta (egípcio/hebraica) de Deus e o assassínio do pai, sendo que os deuses são imortais e o pai é assassinado, mas que uma coisa decorre da outra.

Mas o que tem uma coisa a ver com a outra?

Para mostrar isto, Freud recorre à "Resolução do Complexo de Édipo" e ao "Moisés e o Monoteísmo". Édipo vai ser uma forma de condenar o incesto, mas de fato o que se quer com o Édipo é erradicar o parricídio e, com o parricídio, todas as formas de homicídio.

Freud levanta uma tese, que ele vai provar com "Moisés e o Monoteísmo", de que este Édipo é equivalente ao Moisés hebreu. Moisés hebreu é aquele que, segundo a lenda, sobe o monte e vem com as tábuas dos mandamentos, e o "não matarás" é dito em nome de Deus. Logo, tem-se um Deus monoteísta para Moisés ser porta-voz deste Deus, desta Lei. Freud mostra nesses seus textos que aquém do Moisés hebreu havia outro Moisés, o Moisés egípcio. Ele encontra uma pesquisa atribuída a Ernst Sellin (1922) (hoje se atribui a origem desta pesquisa histórica a outra diversidade autoral), historiador alemão que estudava sobre o profeta Oséias, na qual ele (Sellin) percebe evidências de que quem teria existido historicamente teria sido o Moisés egípcio. Sellin notadamente influencia o autor Thomas Mann, que adotou o mesmo ponto de vista de Freud, vide seu romance *A Lei*. De acordo com esta pesquisa, Amenófis IV era um faraó que era submetido a uma religião politeísta, mas ele toma para si e se coloca no lugar de um deus único, monoteísta, assumindo o nome de Ikhnaton, e logo passa a instalar uma religião intolerante, severa. Moisés (o egípcio) surge, então, como o porta-voz que recebe as doutrinas dessa religião severa, intolerante e é esta doutrina que ele impõe ao povo judeu em troca da liberdade na forma de abolição da escravidão. Portanto, esse povo, antes escravo do Egito, ficou escravo de Moisés, que lhe impõe, como porta-voz, a severidade foraclusiva dessa religião criada por Ikhnaton. Em função dessa severidade foraclusiva, essas tribos judaicas camito-semíticas teriam assassinado esse Moisés. Logo, ele teria sido morto por ser porta-voz deste deus severo, Ikhnaton. Já o Moisés hebreu é uma lenda bíblica que foi gerada pela necessidade de recalcar esse pai severo e, com ele, esse outro Moisés egípcio que era porta-voz desse pai real severo, do Ikhnaton, porta-voz que foi assassinado. O Moisés hebreu (inventado) é o que tirou o povo judeu da escravidão egípcia e o conduziu para a terra prometida segundo o lendário bíblico do Velho Testamento.

Todavia, segundo Freud, tudo isso não se sustentaria senão enquanto mito, pois teve que se inventar um Deus monoteísta para dizer em nome dele: não matarás. Assim sendo, essa Lei toma mais força quando vem junto dessa instância divina. Esta é a articulação que ele faz do herói grego com "Moisés e o Monoteísmo". Ele conclui o Édipo com "Moisés e o Monoteísmo", embasa, pois, a teoria do Édipo com "Moisés e o Monoteísmo". A teoria edípica freudiana, de certa forma, começa em 1924 e termina em 1938, quando Freud conclui esse texto. Não se pode falar na teoria freudiana do Édipo sem fazer relação ao "Moisés e Monoteísmo".

Como forma de punição do incesto, então, Freud abre mão do "enceguecimento" (em Édipo a punição é o "enceguecimento") em favor da Castração, que é outra forma de mutilação. A conceituação de Castração, no entanto, Freud busca no tema do filicídio que está contido noutra lenda bíblica, de Abraão, também judaica.

Nessa lenda, Abraão é convocado a ofertar o seu filho a Deus como prova de sua fé e de seu amor. Esse sacrifício que Abraão estava por realizar, na última hora é recusado por Deus, em nome daquilo que foi depois, pelos cristãos, chamado de "Misericórdia Divina", e nesse lugar o que é sacrificado é o "Cordeiro de Deus". A ritualística da cultura judaica celebra esse evento sob o signo da circuncisão. O "sacrifício" é transformado na circuncisão, que também é uma mutilação parcial, e, por ser de ordem genital, para Freud ela é vivenciada como uma Castração, uma ameaça de Castração.

O Complexo de Édipo, em Freud, e a sua resolução implicam na identificação genital. Mas o que é, para ele, a resolução dessa questão edípica?

A resolução implica na identificação genital ao mesmo sexo para, por diferença, desejar o sexo oposto. É isto que importa como resolução da questão edípica, do Complexo de Édipo. No Homem, isso se resume na formulação: "essa não, mas todas as outras sim", que é a interdição do pai em relação à mãe. E, nas mulheres, é: "esse (o pai) não, mas todos os outros, sim".

O Complexo de Édipo, para Freud, equivale à inscrição na Castração, e o Complexo de Castração tende à Neurose. Freud se detém em conceituar o Édipo introduzindo o tema da Castração, mas não conceitua integralmente a Castração. Quem a conceitua é Lacan. Lacan, quando começa a retomar este conceito em *A Relação de Objeto*, define Castração como equivalente a $-\varphi$, isto é, falta simbólica mais objeto imaginário, contudo, já nos *Escritos*, começa a fazer uma diferenciação: Édipo é tido como proibição do incesto, a Castração como privação do incesto e a Neurose como punição do incesto.

Faz-se oportuno abrirmos um parêntese para falar sobre a questão das diferenças relativas à forma como as conceituações clínicas são compreendidas pela Medicina e pela Psicanálise. Para a Psicanálise, sempre que nos referimos a efeitos desse ou daquele evento, estamos falando de estruturas clínicas, de como as estruturas vão sendo constituídas. Trata-se de estruturas e não de doenças, ao contrário da Medicina. A Medicina estabeleceu um código de doenças mentais para enquadrar e classificar comportamentos (porque a Psiquiatria parece levar em conta, orgânica e socialmente, comportamentos) considerados diferentes dos ditos "normais". Segundo a nomenclatura do epistemólogo George Canguilhem, "normal" se opõe a "patológico". Então, aquilo que é diferente do "normal" é enquadrado em diagnósticos, doenças portanto, que serão "curadas" ou "tratadas" com medicamentos. Na Psicanálise, o que se escuta o tempo todo são as questões que estão na origem das diferentes estruturas, e a partir desta escuta o analista pode dar uma direção àquela análise, no sentido de que aquele sujeito possa dar conta de suas questões sintomáticas, fantasmáticas, em suma, de suas questões desejantes. Fundamentalmente, qual é a diferença? A Psicanálise leva em conta o Inconsciente e suas manifestações, como o desejo e o gozo, e a Medicina Psiquiátrica trabalha com o que é, supostamente, Consciente, com a maneira como a pessoa se apresenta, ou seja, leva em conta o comportamento. Essa é a diferença básica entre a Medicina e a Psicanálise, e em função dela Freud já disse, quando escreveu "A questão da análise leiga", que o saber médico é o saber mais distante do saber psicanalítico.

Voltando, então, à questão edípica de Freud: na sua resolução, o que Freud faz é contrapor o Édipo à homossexualidade. Para ele, Édipo é identificação genital ao mesmo sexo para, por diferença, desejar o sexo oposto. Ele contrapõe isto à homossexualidade, para ele não um comportamento, mas um delírio paranoico, tanto do ponto de vista de uma questão paranoica do delírio homossexual, que é da ordem da psicose, quanto no homoerotismo no qual, por efeito de função materna, quando a mãe não consegue ocupar o lugar de Desejo de Mãe (que transmite o Nome do Pai), ocorre a identificação no sexo oposto e não no mesmo sexo, levando por consequência a uma escolha objetal como se o sujeito fosse partícipe do sexo oposto e não daquele mesmo sexo; e isso como incidência fantasmática pode ocorrer em decorrência das mais diversas estruturas clínicas.

Do ponto de vista da teoria, a Castração é posterior ao Édipo. Há Castração porque houve Édipo. Do ponto de vista da clínica psicanalítica, a

Castração vem antes do Édipo. Édipo, para o Lacan do campo freudiano, pré identificação sintomática, seria fim de análise, normatividade. Vai-se de trás para frente, porque a questão da neurose, desse sofrimento com a punição do incesto (no caso de Freud, entrar em sofrimento com a penúria do pai), se resolve no momento em que se reenvia a Castração ao pai. Supera-se a questão da Castração e de seu complexo, deixando-se de tomá-la para si e passando-se a vê-la como do pai, a única que há.

Édipo tem dois momentos na trilogia grega: o *Édipo Rei* e o *Édipo em Colona*. Ele se cega em Colona, mas essa parte da história de Sófocles Freud praticamente não adota. Ele adota quase que somente a primeira parte, que é o *Édipo Rei*. Esta segunda parte leva-nos à leitura romana (latina) do *nosce te ipsum* que é o "conhece-te a ti mesmo", privilegiando o autoconhecimento como efeito da subjetivação do enceguecimento, ao invés do *me funai* melancólico e trágico, que é o "quisera não ter nascido com tal destino". Nela, o Édipo se cega para ver o que os olhos não viam, para se conhecer. Na Grécia, o saber estava relacionado ao olhar, ao que Lacan chamou de "pulsão escópica" e, se ver era equivalente a saber, então ele se cega para saber, para poder saber. Ele ocupa o lugar de Tirésias, que era aquele que sabia, que era um visionário que previa o destino já que tinha o poder de vê-lo. Freud substitui a ideia do enceguecimento pela circuncisão que adveio do mito bíblico de Abraão. Já no classicismo, mais afeito a Lacan, ver é desejar, como fica claro na obra lírica camoniana.

Vale lembrar que estamos falando sempre em incesto como fantasia, porque o incesto, a rigor, é improvável. Ele é cultural, é uma convenção, é proibido culturalmente, pois na natureza não há proibição do incesto. Entre os animais não existe esta proibição do incesto, não há nenhuma interdição, nenhum impedimento. Em Freud, ele (o incesto) é um álibi, porque quando Édipo matou Laio e quando casou com Jocasta não tinha o conhecimento de que se tratava de seu pai e sua mãe. Laio era alguém a quem ele tinha, pelas circunstâncias, obrigação de matar e Jocasta era uma mulher que ele recebeu em casamento e amou por desconhecer a maternidade, que, segundo a lenda, ela sabia, permanecendo isto como um ponto discutível até hoje. Ele desconhecia o fato de serem seu pai e sua mãe. Por isto ele se cega. Ele não pode ser culpado de incesto e parricídio porque não sabia. Lacan, ao distingui-lo de Hamlet e refutar Jones, que os aproximava, nos disse que ele "por não saber, agiu".

A questão do incesto veio *a posteriori*, quando ele passou a saber. Ele, a rigor, não "transou" com a mãe. Quando soube que Jocasta era sua mãe, quando soube que Laio era seu pai, ele (Laio) já estava morto. E esta é a questão do "pai morto", que é o pai simbólico. Quando desejou Jocasta, na sua fantasia ela era apenas uma mulher. Para Lacan, o pai simbólico é o "pai morto": por desconhecer a sua paternidade é que Édipo matou o pai, porque se soubesse não o mataria. Tem que haver um "pai morto" no real, basta ler "Totem e Tabu", para ele retornar como Lei, como simbólico, como: Não Matarás. Lacan resgatou a questão de "Totem e Tabu", do pai da horda primitiva. Ele tirou isto da lenda de Gilgamesch. Falava-se de um clã, de uma horda de macacos em que um macaco mais forte dominava esse clã. Todos os filhos homens eram expulsos por ele. Não dava espaço para o desejo nem para a sexualidade desses filhos. Os filhos eram condenados ao homossexualismo ou ao homoerotismo. Todos os filhos homens que desejassem qualquer mulher do clã eram excluídos, todas as mulheres eram dele. Os filhos excluídos voltaram, mataram esse pai e comeram a sua carne. Com o tempo vieram o remorso, a culpa e o arrependimento por terem feito isso. Assim instituem a lei do totem, que é estudado em Antropologia. Passa, então, a existir um animal sagrado que não pode ser morto. Ele só pode ser morto em um determinado dia do ano, e nesse dia é feito um banquete estratégico para relembrar a morte do pai, o dia em que a lei foi instituída, a primeira lei. Não se pode comer a carne daquele animal, porque ela representa o pai morto. O totem virou, depois, religião. Freud fez um estudo no qual mostra que o totemismo, as primeiras interdições, as primeiras leis que a sociedade teve se transformaram em religiões no ritualístico sentido obsessivo do termo. Surgem, aí, os primórdios do monoteísmo, era um animal que eles não podiam matar. Eles fizeram um acordo, então, para haver lei, o "não matarás". Nenhum macaco ou, posteriormente, nenhum humano ocupou aquele lugar, que ficou vago. O lugar foi ocupado pelo pai real. É daí que Lacan tira a teoria do *le Père Sévère*, que é uma teoria do campo do gozo.

Dito isso, passamos ao Édipo conforme Lacan. Este vai ter como fontes para falar do seu Édipo aquelas mesmas fontes de Freud: Sófocles com *Édipo Rei*, "O Complexo de Édipo", "Moisés e o Monoteísmo" e "Totem e Tabu", e ainda o Mestre Castrado de Hegel, mais especificamente do jovem Hegel, de Jena, conforme Kojève o leu na *Fenomenologia do Espírito*. Num primeiro momento, no Seminário *Relação de Objeto* (1956/57), ele apresentou o Édipo como uma das identificações: identificação viril, de fato uma identificação ao que depois chamou de Nome-do-Pai simbólico. Ele definiu, então, Édipo como acerto de gozo fálico (φ) = falicidade. O Édipo viril leva o sujeito à identificação ao próprio Sintoma: isso significa resolução do Complexo de Édipo ou identificação ao Sintoma, que é a identificação a um sexo, o reconhecimento de que há um sexo diferente do seu. O Édipo, assim referido, está implícito na Castração. É o que permite que haja Castração. Só há Castração se houve Lei do Pai.

Lacan, nesse primeiro momento, apresentou sua teoria dessa forma: só vai haver Castração se antes houve Édipo, se houve o estabelecimento da Lei do Pai.

Nessa primeira posição, Lacan também resgatou os tempos do Édipo, conforme Freud tinha já apontado.

1º tempo) do ponto de vista do Sintoma do Homem – "essa não, mas todas as outras sim";

2º tempo) do ponto de vista da menina: "esse não, mas todos os outros sim";

3º tempo) vigora a lógica dessa diferença que foi estabelecida. É o estabelecimento da lógica da diferença sexual, é o tempo em que essa lógica vigora. Isso seria Édipo.

A segunda posição de Lacan começa nos *Escritos* em 1966. Ali ele começou a fazer a diferença entre Édipo, Castração e Neurose: colocou Édipo como proibição do incesto, Castração como privação do incesto e Neurose como punição do incesto. São os três momentos contidos em Édipo como tragédia.

O falante não é Édipo, o falante tem o complexo de ser como Édipo. Se o incesto é proibido universalmente, o falante, como singularidade, é privado do incesto, e se desrespeita isso como fantasia, vai ser punido pela moralidade que é a neurose, que é a punição do incesto. E o masoquismo moral é o mecanismo que desencadeia isso nas neuroses via Castração, enquanto o Édipo é regido pelo masoquismo primordial estabelecido, conforme Lacan, pela identificação narcísica que lhe é anterior, conforme o *RSI*.

Na neurose existe o incesto como fantasia. O incesto, como uma realidade factual, nela não existe. O delírio disto seria a psicose, pois, paradoxalmente, psicótico não cogita do incesto já que não se inscreve no sintoma parental. Psicose não apresenta Nome-do-Pai, não tem essa designação de pai, não tem esse limite de Lei internalizado. Para a Psicanálise, a rigor, ali (na psicose) não existe incesto porque não há reconhecimento de paternidade. Não há reconhecimento de filiação. Não há reconhecimento de fraternidade, de irmãos. Lugar de Pai, lugar de irmão, lugar de filho são lugares simbólicos. Então, em termos psicanalíticos não há incesto aí, porque não há paternidade, os papéis foram foracluídos. Quando falamos em pai, em Nome-do-Pai, Desejo de Mãe, nós estamos o tempo todo falando de funções e não de pessoas "de carne e osso". Não é imaginário, é simbólico, da ordem do reconhecimento de que há uma ocupação dessa função, desse lugar.

Freud, em "O Mal-Estar na Civilização", já tinha dito que a Lei arranca o homem da natureza. Através dela ele é jogado na cultura. Os psicóticos não têm isso, eles não têm essa inscrição da Lei, não têm referência ao Inconsciente e sim ao delírio preclusivo, então ali tudo é possível. É para o Inconsciente que vai ser recalcada a fantasia perversa, que para Freud, por exemplo, poderiam ser as fantasias de incesto e de parricídio. A fantasia perversa, com a instalação do Édipo, passa para uma cena subterrânea, que é o Inconsciente, e fica recalcada lá. Recalca-se aquela fantasia e se coloca um limite ao gozo. O Édipo é um limite ao gozo lançando o homem na cultura, na sociedade. Os que não têm isso vão se comportar como os animais, tendo apenas manifestações erotômanas da libido. Vão somente exercer essa libido, que é a expansão incontida do "tesão" ou o seu contrário: a beatitude de Schreber. Para eles, não há filhos, não há filhas, não há pai, não há mãe, etc. Eles até chamam de pai e mãe, porque convencionalmente todos chamam, mas não existe significação, ordem significante, de mãe e pai. Eles "usam" o que Lacan chama de "língua de salsicheiro": imitam, copiam, mimetizam e embutem o que a sociedade diz, podem chegar a usar a nomenclatura social de pai e mãe, mas não assumem essas funções, esses lugares simbólicos.

Ainda nos *Escritos*, Lacan fala do Édipo como a efetivação da Metáfora Paterna, na qual se articulam o Nome-do-Pai simbólico ("pai morto") e o Desejo de Mãe, que o expressa e o efetiva como porta-voz do seu Não, daí o Não do Pai. Então, pode-se dizer que o Édipo equivale, como metáfora do "pai morto", ao Nome do Pai simbólico. A Metáfora Paterna é a questão da transmissão do Nome do Pai através do Desejo de Mãe, e quem faz essa transmissão (ou não faz) é o Desejo de Mãe.

Vale ainda mencionar aquilo que o Professor Antônio Sérgio falou na última aula sobre a diferença entre Lacan e Melanie Klein. Ela, como outros autores até então, privilegiavam o lugar da mãe, da relação mãe-filho. Lacan é que fala do privilégio do Nome-do-Pai, mas não por isso excluiu a importância da mãe. Pelo contrário, o Nome-do-Pai é transmissão de Lei, mas essa transmissão de Lei é efetuada pelo Desejo de Mãe. Então, a Metáfora Paterna é constituída pelas duas funções: Nome do Pai + Desejo de Mãe, ou então: DM/NP.

Uma estrutura clínica pode ser, a qualquer momento, reeditada. A Castração é sempre um momento para o falante. Ela é sempre atualizada ou pode ser desmentida, pode ser "trancafiada". Nesse sentido, Castração não é "vacina". Não podemos pensar que, no momento em que o sujeito passou por Castração, está resolvido. Viver um evento traumático como, por exemplo, uma situação de sequestro ou um trauma de guerra pode foracluir.

Nos anos 30, em "Os Complexos Familiares", Lacan apresenta o Complexo de Castração articulado ao Desmame e ao Complexo de Intrusão, fazendo dos três uma forma de efetivação do Complexo de Édipo.

Não podemos nos esquecer de que, na genealogia do pensamento de Freud, aquilo que o Lacan dos anos 50 (*A Relação de Objeto*) chama de identificação viril ou edípica tem origem no desejo de potência escutado nas histéricas. Assim sendo, ainda segundo Freud lido por Lacan, no complexo edipiano transmite-se, como sintoma, ao Homem a potência e às mulheres a procriação como contingência.

Concluindo, importa saber ainda que Lacan resgata também neste tema o "fio da meada" da verdade freudiana. Ele certamente modifica e passa a conceituar a teoria da Castração que Freud não conceituou, e, quanto ao Édipo, inclui a questão do Mestre Castrado como a explicitação da Castração. Vai reconhecer a Mestria de Freud quando apresenta esse entendimento da importância da questão do Monoteísmo, ou seja, de haver um Deus imortal para se poder falar do "assassinato do pai" e somente a partir daí transmitir a Lei do Pai, que é o Não Matarás (em Nome de Deus – Não Matarás). Lacan, sem dúvida, apontou para a Mestria de Freud na forma como desenvolveu a sua teoria do Édipo.

Referências bibliográficas

FREUD, S. A Interpretação dos Sonhos (parte I). In: *Obras Completas*, vol. IV. Rio de Janeiro: Ed. Imago, 1969.

————. A Interpretação dos Sonhos (parte II). In: *Obras Completas*, vol. V. Rio de Janeiro: Ed. Imago, 1969.

————. Três Ensaios Sobre a Teoria da Sexualidade. In: *Obras Completas*, vol. VII. Rio de Janeiro: Ed. Imago, 1969.

————. S. Totem e Tabu. In: *Obras Completas*, vol. XIII. Rio de Janeiro: Ed. Imago, 1969.

————. Moisés e o Monoteísmo. In: *Obras Completas*, vol. XXIII. Rio de Janeiro, Ed. Imago, 1969.

————. A Questão da Análise Leiga. In: *Obras Completas*, vol. XX. Rio de Janeiro: Ed. Imago, 1969.

————. A Resolução do Complexo de Édipo. In: *Obras Completas*, vol. XIX. Rio de Janeiro, Ed. Imago, 1969.

LACAN, J. *O seminário, Livro 4, A relação de objeto.* Rio de Janeiro: Jorge Zahar Editor, 1995.

————. *O seminário, Livro 17, O avesso da psicanálise.* Rio de Janeiro: Jorge Zahar Editor, 1992.

————. *O seminário, Livro 23, O sinthoma.* Rio de Janeiro: Jorge Zahar Ed., 2007.

————. *Escritos.* Rio de Janeiro: Jorge Zahar Ed., 1998.

————. Os Complexos Familiares. In: *Outros escritos.* Rio de Janeiro: Jorge Zahar Ed., 2003.

————. *Meu ensino.* Rio de Janeiro: Jorge Zahar Editor, 2006.

MANN, Thomas. *A Lei.* In: *Duas Novelas.* São Paulo: Mandarim, 2001.

MENDONÇA, A. S. *O Ensino de Lacan.* Rio de Janeiro: Edições do CEL, Gryphus (Forense), 1993.

————. *O Ensino de Lacan II.* Rio de Janeiro: Edições do CEL, Gryphus (Forense), 1994.

________. *O Pensamento e(m) Lacan: o moderno e a desconstrução.* In: *A Transmissão,* ano 8, nº 9, Porto Alegre: Edições do CEL, 2000.

________. *Lacan, da Magia à Psicanálise.* In: *A Transmissão*, ano 10, nº 11, Porto Alegre: Edições do CEL- Boletim Anual, 2001/2002.

Capítulo 3

O tema da Castração nas obras de Freud e Lacan e a questão cultural ali produzida

Antonio Sérgio Mendonça

Hoje nós vamos trazer um tema que é extremamente caro à obra de Freud. O fenômeno da Castração existe desde a dita "sociedade primitiva". Faz parte da tradição do que se chamava de "barbárie", nome este que não se justifica, pois eles eram a própria civilização dos caldeus. Freud, então, vai encontrar essa referência, também, na sua cultura judaica e vai trazer este tema à cogitação da Psicanálise, promovendo, com isso, uma modificação da e na concepção grega de Édipo, seja na concepção do mito em versão tebana, seja na concepção presente na obra de Sófocles, tanto na primeira versão como na última, presentes na trilogia tebana: *Édipo Rei* e *Édipo em Colona*, pois em Freud haverá Castração e não enceguecimento.

A primeira coisa a se dizer é que, embora a conceituação psicanalítica do Complexo de Édipo se devesse a Freud e a mais ninguém, o tema edípico como narrativa oral, mítica, como drama cênico, tragédia, já existia desde a cultura ática obviamente. Por isso, a função desse mito era, pela punição do parricídio, procurar banir o incesto e o próprio parricídio. Porém não existia tal sistematização na tradição cultural ática; existe, sim, uma peça de teatro de autor desconhecido chamada *Rei de Uruk*, que era um mito e uma peça teatral, só que, ao contrário da de Sófocles (que é uma peça autoral), ela é uma peça anônima, e teria influenciado, possivelmente, Freud. As pessoas, contudo, supõem que Darwin foi a principal fonte autoral freudiana em relação ao texto freudiano, outros apostam em Hobbes, mas no chamado "Totem e Tabu" sabe-se que a principal fonte freudiana em matéria mítica e ática foi Gomperz[1]. Cabe aqui outra curiosidade: Sigmund Freud, assim como o nosso Machado de Assis, tinha pensamentos um tanto quanto diferenciados sobre o tema da natureza, mas procurem entender o tema da natureza como ele existia no século XIX e no limiar do século XX. Não existia esse grupo que "defende as baleias", a teoria científica era completamente naturalista e o Positivismo pretendia até ser uma conversão da ordem natural na ordem social, porque segundo ele uma suposta lógica da ordem natural poderia, em certos casos, até organizar a ordem social; logo, a ideia de progresso remeteria, na evolução, à ordem política e a ordem política remeteria à lógica da ordem natural. Nesse sentido eles seriam, literalmente, antiaristotélicos, Aristóteles para quem é impossível a ordem social organizar-se de acordo com a ordem natural conforme exposta, segundo o modelo de história natural de sua época (taxonômico), no seu *Organon*. Já Darwin é um naturalista, esteve até pelo Brasil. Ele estabeleceu teorias que foram consideradas evolutivas, genéticas e naturalistas. Noutro sentido, que nos remeteria a Émile Zola, por exemplo, o naturalismo era considerado uma espécie de traço estético ou científico do positivismo, e a maior parte do embate do darwinismo se dá, por razões óbvias, com o legado religioso, chegando a atingir as raias da paranoia e histericização nos Estados Unidos nos séculos XIX e XX. Era a tal radicalidade da ideia de que o homem não viera de Adão, de que o homem adveio evolutivamente do primata. Portanto, reduziram, naquele momento, a genealogia ao geneticismo e a teoria da origem do sujeito humano a essa querela. Eram

[1] Gomperz (um de seus "dez amigos" apontados a convite de Heller) era a principal fonte freudiana da cultura grega no que ela tinha de oriental e havia um paradoxo para com os gregos, pois embora eles fossem tomados apenas como gênese e modelo da cultura ocidental, eles eram, nessa época, também considerados parte da cultura oriental, já que a Grécia, a Rússia e o Império Otomano sempre ocuparam um traço fronteiriço entre a cultura do oriente e a cultura do ocidente, indubitavelmente, assim como Bizâncio.

precursores do geneticismo não no sentido de uma lógica decifrada pelo DNA, mas (também) impregnada pelo preconceito étnico-racial. Foi nisso que resultou a discussão quando transposta para a chamada Antropologia física. Machado de Assis é um crítico do naturalismo, tanto estético, quanto científico. Esteticamente ele toma um mestre parcial do naturalismo, Eça de Queiroz, embora nos ensinem apressadamente, na escola, que ele era um realista; mas ele começa naturalista por plágio, pois plagia um livro, e dali faz *O Crime do Padre Amaro*, mas depois escreve *O Primo Basílio* de moto próprio, e será o próprio Machado de Assis quem lhe dirá, por escrito, que a personagem Luísa não passaria de uma personagem títere, ou seja, de uma personagem sem individuação nenhuma, feita para simplesmente comprovar teses que remetiam a preconceitos morais e estéticos. Todavia, por considerar Machado, o nosso Eça se redimiu disso ao escrever o magnífico romance *Os Maias*, no qual a personagem Maria Eduarda, ao contrapor, pela missiva, o incesto ao adultério, aposta, inclusive, na desconstituição do bovarismo. Depois, Machado de Assis, que era um crítico do naturalismo (e vê-se isto no *Humanitas* em Brás Cubas, onde o personagem se utiliza de uma série de "palavras-mestras" e de palavras de ordem do naturalismo, as coloca na boca de um "suposto louco" e temos um "non-sense" filosófico à altura do Sujeito do Delírio, e este mesmo sujeito apresentava isso para forçar o Brás Cubas a criar um emplastro universal), reduziu, em nossa opinião, o naturalismo ao estatuto de delírio, como também, em certo sentido, está presente nas leituras de Costa Lima e do Rouanet, etc. E ele chega a dizer, se não me engano, que não se preocupava com a natureza, se preocupava era com o homem, isto porque na época dele o naturalismo se transformara numa nova forma de pedagogia étnica, moral e universal. Então as pessoas pretendiam estabelecer teorias humanas a partir de simulacros, ilusões ou idealizações das teorias sociais. Se ele falou isso frontalmente para criticar a ideia de natureza, ele criticou apenas a ideia de natureza organicista do naturalismo, dita conforme o ideário dezenovesco. Todavia, mais crítico ainda ele foi quando escreveu *O Instinto de Nacionalidade*, onde rompeu não só com o ideário estético-romântico (de que participara na juventude), mas também com a concepção francesa de natureza romântica, o tal "bom selvagem" atribuído a Rousseau, que fez do nosso Alencar o índio vestido de Senador do Império e que portava "os bons sentimentos de Maria da

Fonte" segundo o nosso Oswald de Andrade. Porém Freud, que tem um apreço imenso pela ideia romântica, quando goetheana de natureza, nos remete à visão de natureza do romantismo alemão e não do pedagogismo moral francês, pois ele não tinha apreço algum pelo pensamento naturalista que o impregnara, no nível das ciências naturais, via Theodor Hermann Meynert em Viena. Ele considerava o pensamento naturalista uma forma de positivismo lógico e responsável por certo atraso da ciência. Tanto que ele dizia que odiava a Viena de seu pai pelo que ele teve que aturar do Meynert, que era um naturalista sectário e por isso queria impedi-lo de fazer o curso de Filosofia de von Brentano como complementação de seu curso de Medicina. No curso de Filosofia de von Brentano estudava-se o *Organon*, que é um tratado de história natural. Sabe-se, também, que Freud formulou a sua ideia de Inconsciente ao assistir uma conferência sobre o conceito de natureza do filósofo e esteta romântico Goethe. Então, malgrado as diferenças, essa posição insiste em diferenciá-los bastante.

Mas, voltando-se aqui à Castração, quando Freud é chamado para escrever para o seu amigo livreiro Heller (e isso deu origem a um belíssimo livro do Rouanet: *Os Amigos de Freud*) sobre as suas preferências literárias, Mark Twain, Edgar Alan Poe, etc., um deles é Gomperz. Gomperz foi um tratadista da mitologia grega, e de uma certa forma de referências à mitologia oriental. Ali, possivelmente, ele teria tomado contato com um imaginário compatível com a peça *Gilgamesh, o Rei de Uruk*, que parece ser o seu modelo (antropológico) em "Totem e Tabu". Tratava-se de um homem (Pai) profundamente agressivo, profundamente dedicado à Lei do Gozo, que queria privar a "filia" do acesso a todas as mulheres e termina sendo morto e despojado pela própria "filia". É isso que está lá inscrito como mito e no livro freudiano que eu citei, "Totem e Tabu", onde recebe a designação de Pai da Horda primitiva. E, ali, uma das práticas desse Gilgamesh era compatível com a Castração no sentido literal de ameaça de amputação, compatível com a fantasia perversa inferida da prática judaica da circuncisão. Logo, ele também recebeu a ideia de Castração de sua tradição semita, das lendas de Abraão. Abraão, todos sabem, é uma versão do Antigo Testamento, que prometera a "filia" em sacrifício ao Deus judeu para obter as graças para sua tribo, para uma das tribos de Israel que ele comandava, embora a sua mulher Esther já fosse provecta e lhe fosse impossível, certamente, trazer um novo filho. Será o próprio Deus que impede, por um emissário, que Abraão sacrifique seu filho e, no lugar do sacrifício desse filho, ele oferece um cordeiro e aí há uma questão teológica muito interessante: esta passagem tão cara aos judeus ortodoxos, aqueles que acreditam que o único Testamento é o Velho; o Primeiro Testamento, paradoxalmente, do ponto de vista lógico, funda a ideia de Santíssima Trindade, porque o lugar desse Cordeiro de Deus, do que tira os pecados do mundo, será, possivelmente, o lugar a vir a ser ocupado pelo Espírito Santo de sorte completamente ausente na teodiceia judaica e é parte, também, do Deus cristão que é o Deus trino, e não uno: Pai, Filho e Espírito Santo. E, levando esse paradoxo adiante, Freud percebeu que esse mito se tornava uma metáfora da castração, cuja metonímia era a circuncisão: um hábito (judeu) praticado como ritual de entrada do menino na vida para o judaísmo, no qual há uma incisão peniana de forma a remover o prepúcio. Freud, contudo, considerou isso como uma mutilação. E, embora seja uma mutilação tênue e parcial, ela o é. E toda a mutilação para ele ressoa como ameaça de castração, principalmente esta que era peniana, e isso no nível da fantasia, que, perversamente, funciona como ameaça a ser evitada no Fetichismo.

Isso me lembra meus últimos anos de universidade. Falava eu sobre outro tema e dizia que Freud se deixava profundamente impressionar pela cultura judaica. Freud é transpassado por três preocupações a maior parte da sua vida: uma preocupação com a não aprovação de seu talento pelo pai Jacó, e isso o leva, no texto "A Psicopatologia da Vida Cotidiana", a descrever um sonho em que o médico valorizado seria o médico turco, aquele que fracassava, pois era valorizado apenas por cultuar a morte. Ele, então, fica o tempo todo acossado por essa questão "O que é um Pai?", o que, para Lacan, o faz incluir-se, como sujeito, na questão edípica. E, para responder a essa pergunta, ele tem o chamado "sonho botânico". Freud era um grande neurologista, pesquisava para o laboratório Parke Davis as propriedades curativas da cocaína. Após a I Guerra Mundial planejavam os neurologistas (e ele era neurologista) substituir a morfina pela cocaína nessa medicina de guerra, medicina de amputações etc. E Freud, ali, não sonha com nada que leve ao seu suposto aditamento à cocaína que é, de sorte, muito mais uma ilusão de seus detratores. Ele não se identifica também com Fliess que, possivelmente, tendo "experimentado a cocaína", levantou a teoria absurda de que o nariz seria uma zona erógena. Eu até posso achar que o "odor" tenha certo valor na fantasia sexual, mas daí a achar que o nariz seria zona erógena... E Freud, no início de sua carreira, fez uma suposição de saber a Fliess para poder levar adiante a sua teoria. Mas, voltando-se a Jacob, ele sonha que teria curado, ou pelo menos contribuído para a cura de seu pai que estava doente, a partir de aplicar-lhe as propriedades curativas da cocaína. Esse sonho o apazigua em relação à figura do pai Jacob e faz com que ele leve adiante a formulação da sua teoria do Édipo, do qual a Castração é uma consequência. Mas o que eu estava dizendo é que ele adiciona à teoria grega do Édipo não o enceguecimento, mas a Castração, e isso ele retira dessa tradição cultural judaica que ele recebe. E, como ele disse muito bem aos seus algozes judeus depois de "Moisés e o Monoteísmo", ele era judeu por etnia e não por religião e isso não lhe podiam negar. Portanto, ele substituiu o enceguecimento pela Castração, que é a grande contribuição de Freud para a teoria do Édipo, e é graças a essa contribuição que ele consegue tirar essa teoria de uma tradição oral, mítica e dramática para uma tradição clínica e vai chamá-la, então, de Complexo de Édipo. Complexo de Édipo seria a suposição de, qual o público que assistia à peça *Édipo Rei*, identificar-se e incluir-se na sorte do herói. Só que, ao contrário da peça, ao ser revelado o seu fracasso como herói trágico, não haverá enceguecimento, isto para que o seu povo não sofresse em agruras pelo crime cometido, já que ele é o Édipo Rei, ele é um herói trágico (ele não pode ser punido, mas seu povo pode), mas sim um "sofrimento" clínico com a fantasia de castração. Embora a Castração seja uma intuição dele a partir da cultura judaica, seja um conceito dele, uma criação dele, ele jamais demonstrou completamente o seu conceito de Castração. Ele apenas o enunciou. E, quando vai tentar demonstrá-lo, vai fazê-lo às avessas. Como assim? Ele vai demonstrar a Castração justamente quando estuda uma estrutura clínica, a perversa, que a desconstrói, que a desconstitui. Não sei se eu estou me fazendo entender. Ele não vai mostrar a Castração funcionando, ele vai mostrar o que o fetichista realiza para evitar ser afetado pela suposição ou pela fantasia de castração. Ou seja, é uma maneira indireta, inversa de demonstrar um conceito. Em vez de mostrar como a ameaça de castração funciona, ele vai, no texto sobre o fetichismo ("O Homem da Glande"), mostrar como o fetichista impede a fantasia de castração de funcionar. Freud chama a atenção que o fetichista constitui o objeto-fetiche a partir da interseção de três línguas: da língua materna, da língua adquirida e da língua científica. É fácil entender: o rapaz em questão estudara num colégio refinado e sabe-se que os ensinamentos científicos do século XIX eram quase todos em latim, fosse em Direito, fosse em Medicina, fosse em Biologia, fosse em Filosofia. O próprio Freud quando vai exportar para o mundo a sua teoria na *Standard Edition*, por Strachey, com supervisão dele que falava muito bem inglês, prefere usar termos latinos a termos alemães. Talvez o tenha feito para ficar em conformidade com essa tradição, não médica necessariamente, mas da ciência do século XIX e dos primórdios do século XX. Então, Freud chamou atenção que esse rapaz fazia uma analogia entre o brilho do nariz e o brilho da glande[2] se utilizando, para tal, do campo fônico e semântico de três línguas: da língua materna que era o inglês, da língua que ele falava que era o alemão, e mediava as duas pelo latim que foi a sua língua adquirida e conceitual. Em síntese, porque ele escolheu como fetiche o "brilho da glande", ele associava aí a pronúncia de glande em latim com a de brilho em alemão (glanz) e a de olhar em inglês (glance), que são homofônicas. Ou seja, essas palavras, diferentes semanticamente, que foram enunciadas nessas três línguas, têm um som quase igual. Mas por que ele fez isso? Porque ele queria explicar por que esse analisando escolheu esse fetiche e não um outro qualquer. O Fetichismo é uma forma de gozo singular e intransferível. Não há dois fetiches iguais, ainda que se possa escolher, para fetichizar, a mesma zona erógena, até porque não existem duas zonas erógenas iguais e sim semelhantes. Logo, o fetichista destaca uma zona erógena de seu corpo e lhe atribui uma descoberta anexa. Então, ele escolheu a glande e adicionou a isso o brilho.

Porém o fetiche não é apenas o "brilho da glande", o fetiche não é unicamente a descoberta anexa, o fetiche é quando se toma esse atributo significante como algo indissociável da parte anatômica. O fetiche nunca é apenas uma zona erógena, o fetiche é essa zona erógena mais esse atributo imagético que o fetichista lhe empresta que, em princípio, só ele vê, mas

---

2 "Glanz auf die nase", brilho do nariz, era, na realidade, um vislumbre, um olhar sobre o nariz, "glance at the nose". Nariz, portanto, funcionou como o substituto imaginário do pênis, que ele dotava, à sua vontade, do "brilho" luminoso que não era perceptível aos outros... (cf. *A Transmissão*, ano 9, nº 10, 2002, p. 171).

que supõe que todos veem e fingem o contrário. Então, para que o fetichista faz isso? Para que não ocorra com ele, por sua suposição, o que ocorreu com a sua mãe! E o que ele acha que ocorreu com sua mãe? A sua mãe não tem dimensão peniana; no entanto, se fosse um pouco mais observador, ele veria que nenhuma mulher tem essa dimensão (peniana), mas a isto ele responderia como um fetichista: as outras mulheres não são como a sua mãe, pois a sua mãe a tinha e foi o seu pai privador que a amputou, e como ele tinha fantasias de parricídio e de incesto com essa mãe, vai constituir este fetiche para que o mesmo não ocorra com ele. Então Freud, nesse momento, descreve, também, a ameaça de castração como Fobia, como receio, como a aversão do fetichista para que ele não seja castrado e se torne numa mulher. Não seria como uma mulher qualquer, mas sim como a sua mãe que ele supõe que não fosse castrada antes da punitiva intervenção paterna.

Então, na realidade, Freud não descreveu a Castração, ele mostrou o fantasma da castração obrigando o fetichista constituir um fetiche para que não supusesse que esse mesmo fantasma fosse se abater sobre ele a partir de uma fantasia de Castração que ele mesmo criou, porque o Fetichismo é, em resumo, a identificação (fálica) à mãe. Então, essa identificação fálica à mãe já mostra que a castração não funciona. O que se sonha e o que se fantasia realiza desejo, mas desejo não é sexo; logo, não é realizado. E sexo, "só a cores e ao vivo". Então, isto embora baste para o fetichista, será como acontecimento que ele produz a supressão da castração, que procura criar uma fantasia de acordo com a sua fantasia de incesto e a traz juntamente com a ameaça da punição e, para que esta não ocorra, cria o objeto-fetiche. Então Freud, nesse momento, não está explicando como surge, o que é e/ou como funciona e, inclusive, como se qualifica a castração. Ele está mostrando que a Castração é tão potente que é necessária a Perversão produzir a sua renegação, o seu repúdio, produzir a suspensão de seus efeitos para que aquele sujeito não a tome como ameaça literal. Então, a obra de Freud é, lamentavelmente, criativa, porque ele cria a ideia de Castração como signo do Édipo, o Édipo que conduz à Castração ou à ameaça de Castração, mas é, sobretudo, nesse mister, incompleta, porque não define em nenhum momento esse estatuto da Castração ou o seu funcionamento.

Já a definição, o funcionamento e a conceituação de Castração a Psicanálise deve à obra de Lacan. Assim, por exemplo, em seu tempo, Melanie Klein confundia Castração com efeito de projeção, não tendo ideia do que seja, pois projeção é, para Lacan, um mecanismo da Paranoia, análogo à *Verworfen*. E Winnicott não lhe dá o destaque freudiano, já que sua objetivalidade transacional ocuparia esse lugar.

Então, nos anos 30, com Freud ainda vivo (Freud morre no final dos anos 30), Lacan é convidado por Henri Wallon, um psicólogo marxista que escreveu um livro chamado *Do Ato ao Pensamento* (se escrevesse ao contrário, provavelmente, conforme o Lacan de *O Sinthoma*, estaria certo), para escrever um verbete sobre a Família para a Enciclopédia Francesa. Desse verbete advém um livro chamado *Os Complexos Familiares*. Ali Lacan vai mostrar como funciona o Complexo de Édipo. O Complexo de Édipo nada mais é do que a materialização, a significantização do Édipo, a consideração clínica do Édipo (não mais o mito grego).

A obra de Freud é também incompleta quando ele fala da Resolução do Complexo de Édipo. Porque o Complexo de Édipo para Freud se resolve pela assunção e domínio da pulsão genital. A pulsão genital não existe, como tal, para Lacan. Não é que não exista a genitalidade, o que não existe é a pulsão genital, porque isso, na realidade, é uma concessão anatômica de Freud e que coloca problemas um tanto quanto delicados em relação à transmissão da sexualidade. Tanto que a não-existência da função genital nas mulheres faz com que ele diga, equivocadamente, que elas têm "inveja do pênis". Elas não têm "inveja do pênis", pois quem a tem são as histéricas, porque as histéricas querem pensar a fantasia sexual como se fossem homens. Isso também tem uma justificativa histórica. Em certo momento a clínica de Freud, Breuer e Charcot era quase totalmente feita por histéricas. Mas mesmo posteriormente, quando ele vai estudar "A Jovem Homossexual", ele não faz a retificação disso, preferindo atribuir o impasse analítico, a resistência ali por ele encontrada, à temática do pai sedutor.

Pois bem, esses Complexos Familiares para Lacan se dividiriam em três:

– Complexo de Castração
– Complexo de Desmame
– Complexo de Intrusão

O Complexo de Édipo seria então, na realidade, composto por esses três Complexos. Logo, Complexo de Édipo é sinônimo de Castração. O primeiro conceito de Castração está aí. Lacan equivale a Castração ao Complexo de Édipo. E o Complexo de Castração seria, então, a Neurose, sem a suposição de que se pode, efetivamente, por fantasia, ser castrado. Isso é coisa de neurótico. Esse temor de Castração é coisa de neurótico. Produz aquilo que Lacan, mais tarde, chama de Pai do Nome, quando considerado, literalmente, como o avesso de Nome do Pai. Pai do Nome, nesta condição, é a suposição que o neurótico faz de que a castração do pai é, de fato, sua, malgrado ser a única que há, e o sintoma pelo pai transmitido, via Desejo de Mãe, à filia é que seria propriamente da função paterna. Então, com esse trabalho todo que eles inventaram para si, teremos realmente um problema no Complexo de Castração. Por quê? Porque, do ponto de vista da constituição do Édipo, a Castração é do pai. Só quem é castrado é o pai, só quem é morto é o pai; portanto, pai simbólico é o pai morto, é só lembrar a história de Édipo. Há filho morrendo lá? Não. Quem morre é o pai. Então, a simbolização do pai morto é que constitui o Édipo. Isso está lá também no final da obra de Lacan, quando ele cria *Le Père Sévère*, a perseverança paterna, assim, sendo: o pai tem que morrer em "Totem e Tabu" para que se possa simbolizá-lo como morto no Édipo e criar uma Lei para isto, que é a Lei do Pai.

Então, na Neurose, o neurótico inverte isso, pois ele pega a questão ao pé da letra: ele acha que o Nome é do pai e que a Castração é dele, quando, do ponto de vista do Édipo, o pai é o que sofre a Castração, ele é que é o pai morto e passa potência ou procriação para filhos e filhas através do Sintoma. O Sintoma advém desse pai, ou seja, é a marca fálica desse pai, é transmitir potência ou procriação; já o neurótico inverte isso, pois acha que a Castração é dele e o pai é que tem Sintoma. Quer dizer, como o pai transmite Sintoma, ele, adotando o princípio do enunciado da "linguagem invertida", vê o Sintoma advindo do pai e acha que o Sintoma é do pai. Então, é esse mal-entendido que se chama Complexo de Castração e que é sinônimo de Neurose. Trata-se de se tomar como do pai o que é seu e tomar como seu o que adveio do pai. Mas como esse Complexo de Castração se instala? Lacan, depois, vai substituir isso pelo conceito de Sintoma Parental que é o fato de a mãe transmitir, em Nome do Pai, para a filia, o lugar de desejo que eles tiveram ou não ao serem concebidos. Então, por exemplo, alegar que alguém teve filho "sem querer"... sempre me parece desastrosa essa expressão, porque, inconscientemente, não é verdadeira. Logo, no conceito de Castração, trata-se de se ter a fantasia de estabelecimento de um laço incestuoso, e esse laço incestuoso pode ser com a mãe e/ou com o pai, bem como com a irmã, com a tia, e essas são fantasias incestuosas que se poderá ter até com uma amiga a quem se dê o lugar de irmã. Então, cabe a pergunta: por que no casamento obsessivo isso acontece? Porque a mulher, no casamento obsessivo, quando tem filhos, tem dificuldades em abrir mão desse lugar canônico de mãe e trata a todos como filhos. Ela trata, por exemplo, o marido e o filho como filhos, e se o filho já fantasia algo, está aí o incesto. Mas isso é uma característica que a fantasia obsessiva explicita.

Então, Lacan vai mostrar que esse Complexo de Castração se inaugura pelo Desmame. Da teoria do Desmame nascerá, *a posteriori*, parcialmente, a sua teoria do Estádio do Espelho. Desmame todos sabem o que é e, embora eu saiba que o seio materno é imunológico, também se sabe que após meio ano de vida há o risco da junção mãe/filia (que, cf. Freud, pode acarretar *Verwerfung*, ou seja, Psicose). E não se esqueçam de que a entrada na vida para a Psicanálise se dá pelo desmame. A Psicanálise tem uma posição anti-fetalista, ela não é Neurologia, ela não é Teologia. Não há vida psíquica se não há Inconsciente e só há Inconsciente no ser que fala e só se fala depois do desmame. Lacan, depois, no Estádio do Espelho, vai dizer: antes do desmame se é "infans", depois do desmame se é "falante". Ele substitui com isso o Trauma do Nascimento de Otto Rank, porque Breuer falava apenas do trauma e não o localizava no nascimento. Lacan, nos anos 30, substituiu isso tudo pelo Complexo de Desmame e, depois, incorporou o Complexo de Desmame como o segundo momento do Estádio do Espelho, momento da "falta a ser" articulado ao Não-do-pai, posteriormente identificado como "falasser", pois "só há Inconsciente no ser que fala". Por último, advém o Complexo de Intrusão, que é o complexo de rivalização fraterna. Poderá existir no filho único, porque irmão não é apenas "irmão de carne e osso", pai não é apenas "pai de carne e osso", isso é função significante; portanto, ele pode ter um primo com essa função. Então, a chegada de outra criança provoca a intrusão. Em princípio uma rivalização histérica, uma disputa por chamar a atenção como objeto de desejo. Mas, se isso provocar uma exclusão traumática, essa intrusão pode provocar uma Psicose. Vai para aquele lugar que Freud chamou de *Verworfen*, lugar de excluído. Em uma de minhas viagens, uma passageira que sentava ao meu lado me contou que durante muito tempo teve os maiores problemas porque dormia no quarto dos pais até o nascimento do irmão, ocasião em que foi desalojada desse quarto, e aí o novo rebento passou a dormir com "la mama". E "la mama" teve uma relação mais afetuosa com a masculinidade desse filho e ela diz que passou anos se sentindo excluída e perguntou o que eu achava disto. Eu disse: "ainda está em tempo de arrumar uma mãe"; porque para arrumar um homem ela vai ter que arrumar uma mãe que lhe diga: "esse não, todos os outros sim", é assim que funciona. Mas este é um caso típico de intrusão a que ela deu uma dimensão quase literalmente foraclusiva. Ninguém disse que ela era excluída. Ela, vinte e poucos anos depois, estava ainda monotemática com essa história. Continuando, lembramos que o dito Lacan do Classicismo é aquele que diz que a linguagem é condição do Inconsciente. Ele vai dizer que a ausência de referência à Castração constitui Psicose, literalmente. Ele vai dizer em palavras genéricas: trata-se da conversão do Narcisismo[3] em objeto, ou seja, num ego natural. E ele vai ver que a memória ancestral desse ego natural, que é de "uma mãe morta e despedaçada", essa oralidade abduzível é que estaria na origem de toda adição. Seja adição à droga, ao fumo, ou à comida, porque a oralidade sexual vai substituir isso pela intermediação do objeto que é o seio diferente do corpo do "infans". A droga posteriormente viria ocupar o lugar desalojado caracterizado pela impossibilidade de acasalamento significante. E aí terminamos com o Lacan dos anos 30.

O Lacan dos anos 50 vai se influenciar por um texto de Freud dos anos 20 chamado "Inibição, Sintoma e Angústia". Ele vai manter a diferença entre Complexo de Castração e Complexo de Édipo, vai distinguir, no seu quadro objetal, o Édipo da Castração mais claramente e vai dizer que a Castração equivale ao $-\varphi$, que o $-\varphi$ significa pai imaginário, portanto só há Castração quando há pai ideal, quando se idealiza o pai. Pai imaginário é o pai que se pode acoplar ao (seu) "pai de carne e osso", é um pai cuja imagem admite a presença da consistência. E esse pai imaginário na Castração seria o pai ideal, mas a Castração teria como efeito necessário o Sintoma; por isso, em nome

[3] O que é o Narcisismo para ele aí? É o Ego Ideal, é aquela imagem que você tem de outro como semelhante, uma imagem especular, como se o outro fosse o seu espelho e vice-versa; trata-se de uma concepção imaginária de Narcisismo equivalente ao objetal e freudiano Narcisismo secundário.

desse pai ideal vai haver a função fálica. Todavia, Freud tinha estabelecido que, assim como haveria o Sintoma para a Castração, teríamos a Inibição e a Angústia para a Neurose. Lacan, então, vai dizer que na estrutura da Neurose, quando se tem como sintoma a Angústia, temos a Privação e, quando se tem como Sintoma a Inibição, temos a Frustração.

Dez anos depois, nos seus *Escritos*, ele vai distinguir novamente Édipo, Castração e Neurose: o Édipo passa a ser proibição do Incesto, a Castração passa a ser a privação do Incesto e a Neurose passa a ser a Punição do Incesto.

O que é a privação do Incesto? Ele está, provavelmente, usando Hegel que faz uma relação entre o universal e o singular. Se o incesto é universalmente proibido e o sujeito faz parte do universal, a parte que lhe cabe desse latifúndio é a que, por fazer parte desse universal, o obrigará a, também, se privar do incesto.

Depois vem o Lacan final, o Lacan do Seminário das *Identificações* que é de 1969 e o do Seminário *O Avesso da Psicanálise* que é dos anos 70. É o Lacan da transição entre a sua teoria do período do classicismo, que é o período em que ele está influenciado por Galileu e pela questão da linguagem como precondição do Inconsciente, e o Lacan do Campo do Gozo, que é o Lacan que funda na sua própria teoria um campo já diferente do de Freud. O Lacan do classicismo é o Lacan do Campo Freudiano em que ele procurou tirar Freud do ostracismo, da inoperância e estabelecer uma compatibilidade entre o que ele chamava de Linguagem e o que Freud chamou de Regime do Inconsciente ou Lógica do Processo Primário. Nesse momento ele diz o seguinte: "O Inconsciente é de Freud, Lacan apenas o disse simbólico". No Campo Lacaniano ele diz: "O Inconsciente é de Lacan, Freud apenas fundou um campo conceitual", o que, também, caberia para a ideia de Castração. E é nessa parte da transição que ele vai estabelecer, por influência da lógica de Cantor e da lógica de Frege, as fórmulas quânticas da sexuação. Primeiro, sexuação não é sexualidade. Sexualidade todo mundo sabe o que é. Sexuação é a lógica da diferença sexual. Pode-se ver a sexualidade de acordo com essa lógica ou em desacordo com essa lógica. Então, isso para ele tem a ver com a Castração e ele vai estabelecer a diferença entre masculino e feminino, Homem e mulheres, no plural, que não corresponderiam à diferença anatômica entre fêmea e macho.

Freud nos disse que a anatomia seria o destino. Então, o que é biologicamente considerado? Fêmea e macho. Para ser fêmea basta ter o órgão genital feminino e, independentemente da fantasia que se tiver ou quiser, vai continuar sendo fêmea. Para ser macho, idem. Aquela pulsão genital de Freud na realidade se refere à instância do chamado macho. Então, para além de fêmeas e de machos que são objetos imaginários, porque consistentes, "de carne e osso", tem-se condições de se situar diante da diferença sexual. Neste momento então, se o Édipo é a lógica da diferença sexual, a Castração é o seu signo, no sentido linguístico, a representante do Édipo. Ou seja, é o seu exercício, mas um exercício fantasmático. Se o sujeito estruturar sua fantasia levando em consideração a lógica da diferença sexual, então vamos ter mulheres e Homem. Por que há homem no singular e com H maiúsculo? O Homem para Lacan é um imbecil, literalmente, porque ele faz dupla referência fálica. Ele só pensa com o gozo fálico, seja com o Falo simbólico, seja com o Falo imaginário, porque ele cria uma estranha fantasia de que eles se relacionam, de que um representa o outro, e de que há uma equivalência fantasmática ao pênis.

O dito lacaniano: "Para todos há Função Fálica" refere-se ao Sintoma do Homem. E Lacan também dirá que as mulheres participam e ao mesmo tempo fazem exceção ao Sintoma do Homem. Elas participam, então elas têm referência fálica, mas elas, diferentemente dos homens, não se reduzem à referência fálica. O Homem só tem referência fálica, o Homem tem tesão para amar, literalmente. Já a mulher, ama para ter tesão. Mas mulher não é fêmea, é quem se identifica com esse lugar de mulher. Então, a mulher participa do Sintoma do Homem, ela tem também uma identificação fálica, se não tivesse não teria fantasia, mas ela, além de participar do gozo fálico, participa do que ele chama "gozo de furo", o que não tem nada a ver com nenhum furo anatômico. Ou seja, ela participa também do que não é fálico, do que fura essa paratodização fálica, essa suposição de que só há falicidade, mas ela também participa da falicidade. Então, é a mulher que impede que o Homem seja condenado ao homossexualismo. Logo, se os dois tivessem somente referência ao gozo fálico eles seriam iguais. Iguais que em línguas greco-latinas se chamaria de homo. São elas que fazem os homens se depararem com o *heteros* da discórdia, porque diante de homens só haveria uma dupla referência fálica. A mulher participa da referência fálica, porque, se ela não participasse, não teria como se comunicar com os homens, ela seria extremamente exógena, e ela faz exogenia e endogenia ao mesmo tempo. Então, quem faz o Homem se confrontar com o *heteros* da discórdia, com a diferença sexual, com o sexo que não é seu? É uma mulher. Por isso que Lacan diz que ela é uma "idiota", pois ela inventa a sua diferença, quando ela poderia, talvez, reinar sozinha, porque ela vai ao Homem e mostra ao Homem que existe algo que não é fálico, o que ao mesmo tempo confirma a sua falicidade, permitindo que esse Homem conheça a heterossexualidade, aí no sentido restrito da diferença sexual. É ela que porta a diferença e, como porta a diferença e porta também o que é comum, ela permite ao que é comum conhecer a diferença. Uma mulher é, por isso, um sintoma para um Homem. Ela é o signo de que há um sexo que não é o dele. Dois homens entre si, duplamente fálicos, seriam um signo de que só há um tipo de sexo. Por isso a mulher é um sintoma para o Homem, sintoma no sentido de identificar-se a um sexo que não é o seu.

Então, continua ele, qual é a diferença entre uma mulher, uma histérica e um Homem do ponto de vista da Castração?

Uma mulher tecnicamente para Lacan ocupa o lugar de objeto causa de desejo na Castração; isso é muito fácil de ver, pois se é ela que faz o Homem se deparar com a diferença sexual, que faz com que o seu desejo possa se formular para fora da homossexualidade (porque ninguém vai me dizer que na homossexualidade não há desejo), ela é objeto causa de desejo heterossexual num Homem. E o que uma mulher pretende? Ser amada e desejada, ao mesmo tempo, por um homem, e foi por isso que Lacan disse que ela é uma "idiota". Por quê? Porque ela acrescenta um adjunto adverbial de tempo: ao mesmo tempo, e é impossível amar e gozar ao mesmo tempo. Então uma mulher pede o impossível. Ela livra o Homem dessa fusão, dessa "confusão" entre estatuto do Homem e da homossexualidade, mas pede como pagamento o impossível: ser amada e desejada ao mesmo tempo. E o que quer um Homem? Depende. Quais são as possibilidades de um Homem? Que eu saiba são três: ser heterossexual, histérico ou obsessivo, isto por portar sintoma. Sabe-se que, no sujeito patológico, nas perversões, o sintoma é do Outro e, nas psicoses, o sujeito do delírio enquanto duplo especular do Outro não castrado "tem um sintoma".

Na heterossexualidade, o Homem tem uma mulher como sintoma, então heterossexual é quem ama as mulheres, mas não ao mesmo tempo.

Na histeria um homem aspira ser o desejo das mulheres e na obsessão, o Falo imaginário da mãe.

Para concluir, sabe-se que o Lacan do Campo do Gozo irá reconceituar Castração como sendo "o reconhecimento de haver um impossível saber sobre o Gozo"; o que, forçosamente, nos remeterá à ideia pós-hegeliana, dos anos 70 do século XX, e que foi explicitada tanto em *O Avesso da Psicanálise*, quanto no *Encore*. Trata-se da hiperdeterminação entre o Discurso do Mestre e o tema do Mestre Castrado. Neste último, o que se irá destacar será a autoria (da própria palavra) que, em gênese sublimatória, teria abduzido conceitualmente (no sentido de Charles Sanders Pierce) o histérico desejo de Saber sobre a potência e, para além das óbvias, insistentes e literalmente incompletas leituras desse discurso como mera expressão da retórica do domínio, o transforma (já agora como suposição de saber) na evidência da inutilidade de qualquer saber sobre o Gozo, por isto impossível, e que seria algo análogo à "finalidade sem fim" originalmente própria do julgamento estético kantiano. Tal procedimento conceitual o levaria a reconfigurar o Édipo, por isso dito aí já de Lacan, que passou a ser a articulação da ática tradição (mítica e trágica) do "assassínio do pai" com a imortalidade monoteísta de feição judaica, o que iria desembocar, como signo, no mestre de pós-hegeliana inspiração, apenas e se castrado. Assim posto, cabe-nos lembrar ainda que, em suas relações com a Castração, seja esta privação ou frustração, a Perversão (dita *Verleugnung* por Freud) surge em Lacan como o desmentido da Castração quando advindo do Pai Real Privador, já a Psicose (*Verwerfung* x *Bejahung*) irá comparecer como a foraclusão do que fora edípico, isto é, do Nome do Pai simbólico, não podendo ter, portanto, a Castração como signo. Enquanto isso o Autismo (que embora não fosse previsto no elenco das estruturas clínicas por Freud e Lacan, poderia até ser cogitado como tal) se localizaria, a juízo de Lacan, no Campo da *Verwerfung*, juntamente, por exemplo, com a Psicose (de quem não seria sinônimo nem espécie). Trata-se de um verdadeiro campo da preclusão, memória da freudiana *Austossung*, ou seja, de uma foraclusão prévia, que não a do Nome do Pai, e que daria lugar, a partir de uma implosiva "fenda real", não suturável, instalada na e pela mãe quando da não-percepção física e simbólica da maternidade, a uma espécie de expulsão prévia do sujeito, perpetrado como "infans" (ainda sem despedaçamento). Daí haver ali a constituição não do desejo anônimo (como na Perversão), nem do sujeito sem nome (como na Psicose), mas de um sujeito não constituído enquanto tal, dito por Lacan sujeito inconstituído por ter estado previamente alijado, graças à "implosão" materna da paternidade, do corpo e da linguagem; o que equivale dizer, levando-se em conta a posição do Lacan de *O Sinthoma*, que se trata da não-constituição borromeana de nó e/ou de qualquer campo ou cadeia de registro e/ou de significante, não se configurando naquela inconstituição qualquer distinção entre "o corpo da alíngua do real", "o corpo do *Schema* contingente do simbólico" e "o corpo, sem sentido, da consistência no e do imaginário"; logo, ele (sujeito), enquanto tal, não se teria constituído, daí tratar-se, segundo a suspeita de Lacan, de um sujeito inconstituído. Aliás, por falar-se em sujeito, este termo não é, como pensam alguns, sinônimo de estrutura clínica, não podendo, portanto, equivaler a conceitos fundamentais nela contidos, nem aspirar tal posição. Logo, tornar-se-ia necessário um esclarecimento prévio que nos levaria ao fato de que Lacan, ao escrever o Seminário de número 11 intitulado *Os Quatro Conceitos Fundamentais em Psicanálise* (no caso da psicanálise freudiana: o Inconsciente, a Repetição, a Pulsão e a Transferência), jamais autorizou nenhum *soi-disant* lacaniano a, invocando-o e por analogia, fazer uma equivalência conceitual entre sujeito e psicanálise, vale dizer com o Discurso do Analista, até porque o sujeito é, ali, um elemento interno que ocupa o lugar de outrem, vide:

$$\frac{a}{S^2} \qquad \frac{\$}{S^1}$$

E, para complicar ainda mais a analogia, não só o sujeito não o contém, mas é contido no e pelo Discurso do Analista e, também, ele não porta, de forma genitiva (da), dentro de si, quaisquer estruturas clínicas, mas se inscreve nelas por via sintomática e fantasmática. Portanto, Dora é um caso de Histeria no qual se pode destacar a requisição pelo desejo e o "esquecimento" da morte; a Histeria como estrutura não é mera manifestação de Dora. O mesmo acontece com o "Homem dos Ratos" (só que ali se tem a requisição pela morte e a aversão ao desejo), com Schreber (manifestação do homossexualismo na "língua fundamental"), com o "Homem da Glande" (constituição do fetiche no lugar da ameaça de Castração) e assim sucessivamente... Por conseguinte, o lugar de sujeito nas estruturas clínicas, à exceção da *Verworfen* (exclusão) psicótica, dá-se em feição fantasmática e podemos então concluir que lá o sujeito irá comparecer em três modalizações, senão vejamos: contracenando com o objeto fobígeno na fantasia perversa conforme sua morfose original, contracenando com o objeto fetiche no fetichismo propriamente dito, e como algo a ser representado pelo significante para um outro significante no campo do Outro e, assim, teríamos $a \diamond \$$, d $\rightarrow a \diamond \$$, e $\$ \diamond a$, em que toma a forma de fantasia fundamental. Quanto à neurose, na angústia, quando da Histeria, o sujeito é eclipsado pelo objeto *a* na fórmula $a/-\varphi$ e, na Obsessão, quando do desgarramento ôntico de Hamlet, que se passa a juízo de Lacan, assim irá comparecer $\$ \diamond \varphi$. O sujeito nas perversões foi antes nomeado por Lacan, bem como o da Psicose, como um dos dois lados do "sujeito do prazer" no "Kant com Sade". Mas foi dito, graças à contribuição de Serge André, na Perversão, como sujeito patológico e, pelo próprio Lacan, como o sujeito do delírio nas psicoses (conjugado em *Verworfen*, do lugar de excluído, como duplo especular de um Outro não castrado). Observe-se que ali também não seria inscrito na forma de \$ e sim como S(A)/*a*. Vê-se, então, que Lacan nos apresentou várias modalizações de sujeito e não apenas quatro (como nos Conceitos Fundamentais), pois, poderíamos, ainda, destacar na primeira e narcísica identificação (no amor ao significante) o Sujeito Narcísico S^a e, também, o Sujeito do enigma no matema da transferência: S^n. E, mesmo nas estruturas clínicas, os sujeitos patológico, do delírio, barrado quando contido na fantasia obsessiva, e dito ínclito no $-\varphi$ da Histeria (são neuroses, não são?) não justificariam o paradoxo de se ver não o sujeito não nomeado, mas o inconstituído como se constituído fosse. Sujeito não é pessoa, assim como analista é um lugar discursivo. Então, nem todas as estruturas clínicas apresentam a inscrição \$, e sequer todas as modalizações do \$; e o que dizer, então, do sujeito da ciência que para o Lacan dos *Escritos*, em comparação cartesiana, é análogo à acefalia do sujeito do Inconsciente freudiano? Logo, suas incidências são mais numerosas do que quatro e o sujeito no "autismo" não é constituído como tal.

Em síntese:

a) o sujeito não é estrutura clínica;

b) analisando não é pessoa, e, como tal, o conceito de sujeito humano só imaginarizaria, se utilizado, o discurso psicanalítico, pois o próprio analista, em sua neutralidade significante, não é ali, também, pessoa física...;

c) há modalizações do sujeito em número muito maior do que os quatro conceitos fundamentais e/ou as quatro supostas pelo "lacaniano de plantão", conforme demonstramos neste trabalho;

d) no sujeito neurótico sua inscrição na histeria é fantasmática;

e) o sujeito inconstituído permanecerá "infans", isso por jamais conseguir emendar, suturar, conectar a sua fixação no despedaçamento a qualquer simbolização, ou haveria sinthoma (emenda do analisando a seu Gozo, conforme Lacan) no Autismo?

f) portanto, *malgré lui*, os conceitos fundamentais em psicanálise permanecem os mesmos que Lacan já destacara em Freud...;

g) neuroses, psicoses e perversões, bem como o Autismo admitem, sem dúvida, cogitação clínica;

h) contudo, como conciliar, na Direção da Cura pelo Sinthoma, o dito sujeito inconstituído do Autismo com as emendas e "suturas" operadas por artifício de *Bejahungs* sucessivas, pelo *savoir-faire* do analista com a necessária nomeação de seu Gozo?

i) estas são modestas questões preliminares a serem respondidas e pergunta-se: não seria o caso de se repensar tal imprudência e/ou impudência clínico/conceitual?

Capítulo 4

A Castração

*Coordenação: Márcia Forster Wazlawik**

I – O tema da Castração em Freud

A Castração surge na obra de Freud como uma consequência da teoria do Édipo, que é considerado um conceito tardio, pós-1920. Ele não tinha até esse momento essa concepção, pois até então Freud tinha um conceito biologista, ele achava que as pessoas adoeciam após uma situação de trauma. Um trauma que teria acontecido na infância, geralmente relacionado com a sexualidade e que, depois, na vida adulta, por alguma questão, seria ressignificado e passaria a configurar uma doença psíquica. O trauma geraria um sintoma que estaria relacionado à Neurose Histérica (até esse momento ele entendia dessa forma porque só conhecia a Neurose Histérica).

A partir de 1920 essas questões começam a mudar, quando ele escreve "Inibição, Sintoma e Angústia"; ele percebe que existiam patologias diferenciadas em relação ao seu sintoma. São sintomas e angústias. Aí diferencia as neuroses, já que até então ele só conhecia a Neurose Histérica. Nesse momento passa a dar maior valor ao Édipo do que ao trauma propriamente dito.

A Castração, portanto, é um conceito tardio, de 1924, que ele aborda na "Resolução do Complexo de Édipo". Édipo foi uma forma de condenar

* Psicanalista, membro do Centro de Estudos Lacaneanos – CEL / RS.

o incesto, mas, de fato, erradicar o parricídio e com o parricídio todas as formas de homicídio. A Castração, na teoria de Freud, é uma modificação que ele faz ao Édipo grego na qual deixa fora o enceguecimento e vai incorporar dois outros componentes que não têm nada a ver com a tradição grega, que são o Monoteísmo e a Castração. De onde é que ele tira esses dois outros componentes? O Monoteísmo, da versão judaica da tradição egípcia (porque o monoteísmo é um termo egípcio antes de ser judaico), que Freud mostrou numa tese que vincula o mito do assassínio do pai a um Deus monoteísta, em seu texto "Moisés e o Monoteísmo". Para isso vai dizer que esse Édipo é equivalente ao Moisés hebreu, que é aquele que diz "em nome de Deus, não matarás". Ele mostra que teve que se constituir um Deus único e imortal para o Moisés ser o seu porta-voz. Este vai ser porta-voz dessa lei. Só que Freud também mostra, embasado em fatos históricos, que, na verdade, inicialmente esse Moisés era egípcio, porta-voz de Amenófis IV, que era um faraó politeísta e que instaurou o monoteísmo para se colocar no lugar de Deus com o nome de Ikhnaton, mandando matar aqueles que não o seguissem. Ele (Ikhnaton) fundou essa religião intolerante, de uma severidade foraclusiva. Moisés (o egípcio) recebeu essa doutrina e, como porta-voz, ao mesmo tempo que conduzia esse povo judeu, que era escravo, para fora do Egito, queria impor a severidade dessa religião. Em função disso, dessa severidade, essas tribos mataram esse Moisés, e os judeus então, para recalcar esse Moisés egípcio (que era porta-voz dessa severidade – pai Real severo), criaram o mito do Moisés hebreu. Esse Moisés hebreu seria então, segundo o mito, aquele que tirou o povo da escravidão e levou os judeus para a terra prometida, e que é porta-voz de um Deus imortal que faria a condenação moral dos assassinatos. Em nome de quem não matarás? Em nome de Deus, sendo que essa proibição toma uma força maior por ter uma instância divina. Essa é a Lei do Pai. Esse Moisés hebreu passa a ser o porta-voz da Lei do Pai, do Não matarás.

E o outro tema que ele inclui na sua teoria do Édipo é a Castração como forma de punição do incesto, pois ele abre mão do enceguecimento em favor da Castração. Esse tema da Castração, que é um tema estritamente judaico, é uma intuição de Freud que ele retira do mito de Abraão, o mito filicida. Neste mito, Abraão, casado com Ester já extremamente velha e, portanto, não podendo mais ter filhos, é convocado a ofertar o seu único filho em sacrifício. Na última hora, Deus permite que um cordeiro seja sacrificado em seu lugar. A cultura judaica celebra esse evento sob o signo da circuncisão, que é uma mutilação parcial peniana. Então, desse mito de Abraão, do filicídio recalcado em cujo lugar vige nitidamente o cordeiro de Deus, ele tira a ideia de ameaça de castração, pois Freud nos chama a atenção que toda forma de mutilação é vivenciada psiquicamente como uma ameaça de castração. Além disso, Freud também tomou contato com o trabalho sobre Gilgamesch, o Rei de Uruk, que é um mito no qual acontecia a castração literalmente. Este mito trata de um homem profundamente agressivo, profundamente dedicado à lei do gozo, que queria privar a filia do acesso a todas as mulheres e termina sendo morto e despojado pela filia. Ali nesse mito, uma das práticas desse senhor Gilgamesch era a castração, ele castrava a filia no sentido literal de amputação.

Freud, então, tinha definido o Édipo como um complexo, que é um posicionamento universal e legiferante; ele mostra que esse Complexo de Édipo e a sua resolução implicam na identificação genital ao mesmo sexo para poder desejar o sexo oposto (o menino se identifica ao pai para poder inicialmente desejar a mãe, mas, depois que ela lhe for negada, desejar outras mulheres: "essa não, mas todas as outras sim"; e a menina é a variante inversa do Complexo de Édipo, ela se identifica com a mãe para poder desejar o pai e, quando este lhe for negado, desejar outros homens: "esse não, mas todos os outros sim"). Quando isso vem para a prática, isso se transforma no Complexo de Castração. Por quê? O Édipo é a proibição do incesto, e nessa identificação ao herói grego o sujeito se comporta não como Édipo, mas como se fosse a audiência de Édipo. Comporta-se identificado ao drama edípico. Castração, aí, é a punição do incesto. Então, pelo simples fato de o sujeito ter fantasiado, ele passa a tomar a Castração do pai como sua e punir-se por isso, daí o Complexo de Castração ser sinônimo de Neurose.

Então o Complexo de Édipo, para Freud, é sinônimo de Castração. É o sujeito supor, pelo fato de se identificar com seu pai e desejar momentaneamente a sua mãe, o que lhe é negado para que possa desejar outras mulheres, uma ameaça de castração, pois só o fato de isso ter sido cogitado, mesmo sem ter sido efetivado, geraria esse efeito.

A Castração, para Freud, tem dois argumentos fundamentais, que são: o Recalque originário (*Verdrängung*) e a Denegação (*Verneinung*). A função do Recalque originário é afastar a fantasia perversa da consciência, recalcá-la e deslocá-la para o Inconsciente. Através de um trabalho de elaboração, transforma essa fantasia perversa em fantasia Inconsciente.

Para que possam entender melhor, já que alguns de vocês não participaram do curso do ano passado no qual foi abordado o conceito de Inconsciente, pensei em falar rapidamente sobre esse tema. Freud descobre o Inconsciente quando trata das histéricas. Lá ele percebe que há um recalcado, que aparece nos lapsos, nos sonhos, nos atos falhos, etc., que tem uma significação e essa significação está lá porque foi recalcada (inconscientizada). Ele mostra que isso funciona em relação ao regime do Inconsciente, que é formado por condensações e deslocamentos. Já o conceito de denegação em Freud incide sobre a *Bejahung*, que é a afirmação primordial de falicidade. No Complexo de Édipo há sempre a presença da denegação, de uma negação de algo. É aquilo que Lacan diz: "o dito que se esconde por trás do que se ouve", porque sempre fica algo que não é dito. Denegação só existe no ser que fala. Não é que psicótico não fale fisicamente articulando, mas é uma fala mimética, uma fala embutida, de salsicheiro. Na Psicose, no lugar do Inconsciente há o delírio. Em Lacan, Inconsciente é sinônimo de pensamento, tendo como precondição a linguagem. Então, se o psicótico não tem Inconsciente, ele não tem pensamento, ele tem delírio que é uma criação fora da realidade. O pensamento pressupõe algo lógico, conectado com os fatos da realidade. E na perversão, no lugar do Inconsciente há o fetiche. O perverso sutura com o objeto fetiche, ele coloca um fetiche no lugar do Inconsciente e isso interrompe a capacidade de pensamento porque passa a ser um sentido obrigatório do fetiche. O simbólico fica prejudicado.

Ainda dentro da Castração, Freud atribuiu à angústia a responsabilidade pela dinâmica da Castração, inclusive chamando-a de "mola mestra". Essa angústia, que ele chamou de "mola mestra", é de uma falta e é ela que vai fazer com que se busque um objeto imaginário para vir a satisfazer parcialmente o desejo. E isso é um atributo dos neuróticos. Esse é um problema dos pais quando têm dificuldades em deixar faltar, não permitindo que os filhos se angustiem. É um problema que se vê muitas vezes, principalmente na escola, os pais querendo suprir todas as demandas dos filhos. Para poder desejar, a criança precisa ficar em falta. O desejo só surge na falta, e os efeitos são visíveis em nossa época, como mostra uma entrevista que o psicanalista Charles Melman deu para a revista Veja, na qual ele diz que: "hoje, muitos dos jovens não sabem nem o que desejar. Isso acontece porque nossos jovens foram criados em condições que promovem a busca rápida do prazer máximo e sem obrigações".

Freud jamais definiu a Castração integralmente e nem a demonstrou conceitualmente e/ou clinicamente a não ser pelo seu avesso, como temor, no seu texto sobre "O Fetichismo". Ele demonstrou a Castração justamente quando estudou uma estrutura clínica perversa que desconstitui a Castração. Então, ao invés de dizer o que é a Castração, disse que a Castração é uma ameaça constante diante da fantasia de incesto e parricídio e para não tomá-la para si o fetichista coloca nesse lugar o fetiche. Então, em vez de dizer, como disse no Complexo de Édipo, o que o Complexo de Édipo é, descreveu a Castração justamente quando demonstrou uma razão psíquica, um comportamento psíquico, uma estrutura psíquica que abole a Castração. O fetichismo é a identificação à mãe, é identificação fálica à mãe. Para ele, essa identificação fálica à mãe já mostra que a Castração não funcionou ali. Freud mostrou que é o receio de ser literalmente castrado que leva um fetichista a colocar, adicionado à zona erógena, o fetiche para que a Castração, que na suposição dele afetou a sua mãe, não seja dirigida a ele. Mostrou, então, a Castração negativizada, ou seja, a Castração renegada. Não mostrou a constituição da Castração, mas a desconstituição da Castração.

Então, devemos a Freud a primeira formulação de Castração, mas, embora a origem da Castração seja de Freud, foi Lacan quem a conceituou.

2 – O tema da Castração em Lacan

A teoria da Castração é retomada em três momentos por Lacan: nos anos 30, 50 e 70.

2.1 – Anos 30 – A Castração e sua primeira conceituação em Lacan: "Os Complexos Familiares"

A primeira incursão de Lacan nesse tema data dos anos 30, quando escreve um verbete sobre a família denominado de "Os Complexos

Familiares". É o primeiro conceito de Castração, no qual Lacan equivale a Castração ao Complexo de Édipo. O Complexo de Édipo seria então, na realidade, composto por esses três Complexos: o de Castração, o de Desmame e o de Intrusão.

– Complexo de Castração seria uma descrição do Complexo de Édipo e de sua resolução (em Freud) feita por Lacan. O Complexo de Castração, para ele, é uma efetivação, uma concretização do Complexo de Édipo e significa a presença do Complexo de Édipo na Neurose.

– Complexo de Desmame: Lacan vai mostrar que nesse Complexo de Castração se inaugura o Desmame. Nesta teoria é que Lacan elabora a substituição do trauma de Freud pelo Desmame, ou seja, o que passa a ser traumático é o Desmame como efeito de Recalque. No momento em que há o Desmame, naturalmente há o Recalque (recalcar é afastar a fantasia perversa da consciência e deslocá-la para o Inconsciente). Desmame seria a separação da oralidade. É no momento em que a criança consegue essa separação do objeto primordial, a separação da mãe, que ocorre a falta de objeto, que há o recalque e a capacidade de desejar outros objetos. E por que é traumático? Porque nem todos os bebês suportam. Vai depender de como a mãe promoveu isso. Aí é que vai começar a entrar a questão do Édipo, a partir do Desmame. No momento em que o *infans* se afasta, há a possibilidade de ele ter acesso ao pai, ao terceiro elemento. Até então era colagem de mãe e filho, não entrava o pai, basta observar a relação inicial de mãe e filho recém-nascido: é uma relação muito forte, uma relação quase simbiótica, o recém-nascido depende quase que exclusivamente dessa mãe e num primeiro momento é importante que isso seja assim, mas depois é preciso uma separação, a entrada de um terceiro elemento. No momento em que triangula, isto é, na entrada deste terceiro elemento estará estabelecido o Édipo. Lacan substitui com o Desmame, componente do Complexo de Castração, o suposto "trauma do nascimento" de Otto Rank.

Por isso se diz que a amamentação deveria ir até os 6, 7 ou 8 meses no máximo, porque até aí serviria como transmissão de imunidade fisiológica. Depois vem o nascimento dos dentes, a criança precisa mastigar, e só vai ter prejuízos físicos e psíquicos se não mastigar e seguir sendo amamentada.

Nas palavras do Professor Antônio Sérgio: "eu sei e reconheço que o seio é imunológico, mas sei também que pode produzir, em junção, psicose". Podemos perceber nisto a importância de essas questões serem trazidas em nível de saúde pública, só que o que se observa é que na maioria das vezes os profissionais da área da saúde que deveriam transmitir essas orientações não têm esse conhecimento e, no caminho inverso, estimulam a continuidade da amamentação por até dois ou mais anos. Soma-se a isso o fato de que, mesmo havendo esse cuidado de se transmitir a importância do Desmame, nem sempre funcionam essas orientações, porque pode se tratar de uma questão de gozo. Assim sendo, vemos que o Desmame se refere a uma questão de separação, a toda uma condição de subjetivação. É o Desmame que permite a entrada no Édipo e pelos seus efeitos é que poderemos observar se houve Castração ou não, se houve interdição ou não, se houve entrada de Lei ou não.

– E, por último, o Complexo de Intrusão: constituição da rivalização fraterna. O Complexo de intrusão tem a ver com a rivalização entre irmãos. Faz com que o irmão possa ser visto ou se sentir como um intruso e isso desencadear ou uma rivalização histérica, ou uma perigosa exclusão psicótica, por exemplo quando o irmão que dorme no quarto dos pais é retirado dali quando nasce o outro. E pode existir também mesmo quando não há irmão, porque não se trata de irmão de "carne e osso", mas sim de um lugar: ele pode ter um primo com essa função. Então, melhor dizendo, a chegada de outra criança provoca a intrusão. A princípio isso se dá como uma rivalização histérica, uma disputa, chamar a atenção como objeto de desejo. Mas se isso provocar uma exclusão traumática, essa intrusão pode provocar uma psicose e o sujeito vai para aquele lugar que Freud chamou de *Verworfen*, lugar de exclusão.

2.2 – Anos 50, 60 – Lacan do Classicismo – Lacan retoma a Castração no Seminário Relação de Objeto

Lacan retoma o tema da Castração de uma forma mais detalhada. Ele vai falar sobre isso no seu Seminário *Relação de Objeto*. Este Seminário surge como correção ao texto de Freud "Inibição, Sintoma e Angústia" (de 1926), fazendo ele duas reconsiderações: uma sobre a teoria freudiana de objeto e outra sobre a teoria freudiana da Castração. Segundo Lacan, a teoria de objeto de Freud mostra incompletudes, pois para Freud faltava o conceito de falta de objeto. Lacan conceitua o objeto *a* como objeto causa de desejo, que não havia em Freud. Além disso, Freud falava em escolha de objeto; toda preferência sexual, para ele, era uma escolha, um objetinho como escolha que vai satisfazer o desejo. Embora o próprio Freud fale, no seu texto "O Mal-Estar na Civilização", que *das Ding* foi perdido para sempre e que não haveria um objeto que satisfizesse o desejo humano, quando fala na questão do desejo especificamente fala em escolha de objeto como se houvesse a possibilidade de um objeto levar à satisfação. E Lacan define isso melhor quando fala na questão da falta de objeto. Para Lacan, Freud não tem a categoria de objeto *a* como "holografia" do Falo e, portanto, não consegue identificar isso nas estruturas clínicas, já que não tem o conceito de falta de objeto que significa presença do sujeito. Lacan vai dizer que o sujeito se constitui no lugar da falta de objeto. E o lugar da falta de objeto é o lugar do objeto *a*. O objeto *a* é aquilo que vem no lugar da impossibilidade da Coisa perdida. Por isso que, onde o objeto não está, o sujeito está. Este é o Sujeito barrado ($), que é o sujeito marcado pela falta. Se o sujeito não estiver barrado, não poderá ser designado pela ausência de objeto. Então o Sujeito barrado só ocorre no lugar da falta de objeto. Por isso que Lacan vai dizer que não é escolha e sim relação de objeto.

Para entender melhor isso, tem-se que entender o conceito de Coisa assassinada. A Coisa seria o *das Ding* de Freud, que seria uma suposição de Bem Supremo, de completude, de ausência de falta que é, inicialmente, o lugar de Desejo de Mãe. Então este lugar, que é ocupado pela mãe, é que equivale a esse Bem Supremo, como Coisa impossível. Só que essa Coisa, por ser um Bem Supremo, uma ausência de falta, aquilo que, como já foi dito antes, chega a ser quase uma simbiose, num primeiro momento, entre a mãe e seu bebê, isso é impossível. Essa relação de completude tem que ser negada. Como disse Freud, essa Coisa é assassinada pelo Masoquismo Primordial quando se dá o comparecimento, entrada, do terceiro elemento.

E é esse Masoquismo Primordial (que seria a negação do Bem supremo) que transforma a libido em pulsão.

Por isso que é importante alertar os pais sobre os efeitos da questão imaginária de querer dar "tudo". Eles dão "tudo" e as crianças nem brincam, e não brincam justamente porque têm tudo. Não conseguem dar valor para o que têm. Quando se tem tudo não se tem falta e, se não se tem falta, não se tem sujeito. Tem-se apêndice, mas não se tem sujeito.

Então Lacan, retomando toda a teoria de objeto de Freud, propõe dois polos nos quais a inibição e a angústia seriam sintomas neuróticos sucedâneos à Castração porque, no texto "Inibição, Sintoma e Angústia", Freud disse que o sintoma era relativo à Castração, mas não deixou claro como seria em relação à inibição e à angústia. Lacan, então, propõe esses dois polos nos quais a Castração seria atualizada como fixação de sentido. Sempre quando se fala em fixação de sentido é de Neurose que se trata, e essa relação de sentido nasceria na privação e na frustração. Assim, o sintoma seria relativo à Castração; a inibição, relativa à Frustração e a angústia, relativa à Privação.

Sintoma → Castração

Inibição → Frustração

Angústia → Privação

Então fica óbvio que Privação e Frustração, para Lacan, são efeitos neuróticos da Castração. Com isso, ele resgata o aforismo freudiano de que "a Castração tende à Neurose". E o Inconsciente será, a juízo de Lacan, um efeito de Castração.

Nesse momento, Lacan já remete a angústia à Privação, distinguindo a angústia como sintoma histérico (que seria o objeto *a* sobre o pai ideal, pai imaginário) e a angústia de Castração como a mola mestra da Castração.

Lacan vai partir, então, para o conceito de Castração. A Castração começa por dissociar o sujeito da falta simbólica e produzir o $-\varphi$. Castração é singularidade, é $-\varphi$ para aquele sujeito, que se singulariza como Privação. Quer dizer, o gozo fálico ($J\Phi$) não funciona a todo vapor como no Édipo, por isso é $-\varphi$.

A Castração, porque transforma φ em $-\varphi$, coloca a falta como Real e há a necessidade da existência de um objeto imaginário no lugar dessa falta simbólica. É um engano o $-\varphi$, por isso que é – (menos). É um engano supor que um objeto imaginário possa satisfazer essa falta. A Castração então será sinônimo de $-\varphi$, que significa pai ideal, pai imaginário.

Aí, nos *Escritos*, Lacan vai distinguir Édipo, Castração e Neurose. Ele vai retomar a distinção mantendo a equivalência conceitual, só que a desdobrando. Vai apresentar Édipo como proibição do desejo incestuoso e a Castração como privação do desejo incestuoso. A Castração seria uma singularidade: singularizar o Édipo. É $-\varphi$ para aquele sujeito, uma marca para aquele sujeito, e isto quer dizer que o gozo fálico não funciona a todo vapor, e por isso é $-\varphi$. Se o incesto é proibido para todos, eu particularizo, sou privado do incesto. E a Neurose é o quê? Punição do incesto.

Proibição → Édipo
Privação → Castração
Punição → Neurose

Nos *Escritos*, Lacan também reconfigura a Castração a partir da questão da Metáfora Paterna. A questão do Desejo de Mãe e Nome do Pai simbólicos, que dariam conta das condições edípicas da Castração, da Lei do Pai ser transmitida pelo Desejo de Mãe.

2.3 – Anos 70 – Lacan do Campo Lacaniano

O Lacan dos anos 70 vai definir a Castração como o reconhecimento de que não há saber possível sobre o gozo. Mas, antes disso, equivaleu a Castração ao reconhecimento da diferença sexual por dizer de o Édipo ser a lógica desta diferença. Ele vai fazer com que a Castração nos faça deparar com duas questões fundamentais: a questão da sexuação e a questão do sintoma, já que ele formula a questão da sexuação no seu Seminário *O Sinthoma*. Ali fica óbvio que o sintoma fundamental, que ele chama de S^1, é a marca fundamental que o Nome do Pai, através do Desejo de Mãe, coloca no sujeito.

Então, o $-\varphi$ ou a equivalência entre a falta simbólica e objeto imaginário ficou conhecida como a sua formulação inicial da Castração em 1954. Isso deu origem à diferença sexual e finalmente Lacan concebeu a fórmula quântica da sexuação que diz:

Para todos há função fálica,	há pelo menos um que diz não à função fálica
↓	↓
lugar de sintoma na castração	lugar de objeto *a* ocupado pela mulher na Castração
↓	↓
só há JΦ	participa do JΦ e do JȺ

O primeiro lugar, para todos há função fálica, corresponde ao sintoma do Homem e o segundo lugar, há pelo menos um que diz não, corresponde ao lugar de mulheres.

Aí Lacan vai dizer que o sintoma é a classe lógica do sexo ao qual não se pertence. Isso significa que a mulher faz sintoma para um homem. Então Lacan finaliza a Castração com essa questão da diferença e formulará o seu derradeiro conceito de Castração, que seria apenas o reconhecimento de que há um impossível saber sobre o gozo. Então, em 1970, no Seminário *O Avesso da Psicanálise*, ele vai incluir na teoria do Édipo a Castração reconceituada e chamá-la de Mestre Castrado.

O que significa o Mestre Castrado? Ele é aquele que reconhece que o saber é inútil por não haver saber nenhum sobre o gozo. Que o gozo, como se fosse uma finalidade sem fim, só serve para gozar. Só que o gozo, para Lacan, não é só o gozo fálico: o saber é uma forma de gozo, a sublimação é uma forma de gozo, o gozo fálico é uma forma de gozo. Seja qual for a forma de gozo, ele só serve para gozar, não tem utilidade. Se for dada uma utilidade ao gozo está se fundando uma pedagogia, está se fundando um sistema político, uma psicologia, está se dando uma função social. O gozo só serve para gozar. E a Castração? É o reconhecimento de que não há nenhum saber possível sobre o gozo. Esse é o seu derradeiro conceito de Castração. Estar em Castração é saber que não se pode abrir mão do seu desejo e nem se pode deixar de reconhecer que não há saber algum sobre o seu gozo.

Referências bibliográficas

FREUD, S. *Obras Completas*, Vol. I. Rio de Janeiro: Ed. Imago, 1969.

————. *Obras Completas*, Vol. II. Rio de Janeiro: Ed. Imago, 1969.

————. *Obras Completas*, Vol. III. Rio de Janeiro: Ed. Imago, 1969.

LACAN, J. et alii. O inconsciente, vol. II. In: VI Colóquio de Bonneval (organização de Henry Ey). Rio de Janeiro: Tempo Brasileiro, 1969.

LACAN, J. *Da Psicose Paranoica em suas Relações com a Personalidade*. Rio de Janeiro: Forense (Universitária), 1ª edição, 1987.

————. *Televisão*. Rio de Janeiro: Jorge Zahar Editor, 1993.

————. *O Seminário, Livro 3, As Psicoses*. Rio de Janeiro: Jorge Zahar Editor, 1988.

————. *O Seminário, Livro 4, A Relação de Objeto*. Rio de Janeiro: Jorge Zahar Editor, 1995.

————. *O Seminário, Livro 7, A Ética da Psicanálise*. Rio de Janeiro: Jorge Zahar Editor, 1991.

————. *O Seminário, Livro 8, A Transferência*. Rio de Janeiro: Jorge Zahar Editor, 1992.

————. *O Seminário, Livro 11, Os quatro Conceitos Fundamentais da Psicanálise*. Rio de Janeiro: Jorge Zahar Editor, 1988.

————. *O Seminário, Livro 17, O Avesso da Psicanálise*. Rio de Janeiro: Jorge Zahar Editor, 1992.

————. *O Seminário, Livro 18, O Sinthoma*. Rio de Janeiro: Jorge Zahar Editor, 2007.

————. *O Seminário, Livro 20, Mais, Ainda*. Rio de Janeiro: Jorge Zahar Editor, 1985.

MENDONÇA, Antônio Sérgio et. alii. Os quatro conceitos fundamentais em psicanálise (1ª parte). In: *O Ensino de Lacan*. Rio de Janeiro: Gryphus (Forense), 1993.

————. Lacan e a metapsicologia: uma questão preliminar à cientificidade. In: *O Ensino de Lacan II*. Rio de Janeiro: Gryphus (Forense), 1994.

MENDONÇA, Antônio Sérgio. A presença do analista: a comédia e/ou o sintoma. In: *A Transmissão*, ano 5, nº 6. Porto Alegre: Edições do CEL/Gryphus (Forense), 1997.

Capítulo 5

Lacan, a Psicanálise e a Política

Antônio Sérgio Mendonça

A intervenção de hoje parte de um trabalho nosso já publicado e se baseia num texto de Jacques-Alain Miller chamado "Sobre a honra e a vergonha", publicado na *Revista Ornicar?* nº 1. Ali, Jacques Alain-Miller se baseou, provavelmente, no seminário, ainda inédito, denominado de ON PIRE (Ou pior...), na qual Lacan define o que seria o quinto discurso, que é o Discurso do Capitalista. Não é o do capitalismo, isso é um termo usado pelo marxismo, é o Discurso do Capitalista. E, a partir daí, nós preparamos uma fala que articula "A honra, a vergonha e a autoria e/ou alguns dos ecos (impudentes) pós-68". Por isso, vamos começar com a definição do termo "impudência".

Do ponto de vista da diacronia, que é, também, o da etimologia da palavra, o significado inicial da palavra, significado que ela tem quando se inclui na língua ("impudência" entrou na língua em 1685), como substantivo feminino, é cinismo e desfaçatez. Era uma progressão neolatina de seu significado em latim. É uma palavra nobre, existe no latim clássico, no latim vulgar e no latim novilatino. Latim clássico é o latim de Roma, latim vulgar é medieval e clerical e o latim novilatino é o latim do Renascimento. Assim, *impudentìa, ae*, substantivo feminino, primeira declinação, era descaramento, desaforo, sendo desaforo um sentido que se perdeu um pouco e talvez esteja no mesmo campo semântico de desfaçatez, falta de vergonha.

A etimologia abranda falta de vergonha e descaramento, e descaramento pode ser uma forma de cinismo, já desaforo é uma forma de desfaçatez. Então, se junta o significado etimológico com o significado latino no qual descaramento é parte e cinismo é todo, sendo desaforo também parte e desfaçatez um todo. Mas o sentido atual é o de falta de pudor, descaramento, impudor. Então, o sentido de descaramento do latim se manteve, embora não estivesse presente no sentido etimológico. O sentido de desaforo desaparece, assim como o sentido de cinismo que também desaparece, e fica-se, enfim, com um sentido mais novo da significação de impudência: impudor, falta de pudor.

Vamos, então, dividir este texto, que tem a ver com a impudência, em três partes:

1ª) a relação com "A vergonha e o olhar", que é uma relação que preside a política clássica, e a política clássica é a política do classicismo. Sendo assim, é a política que se mantém até o século XX. Ora, o clássico e o moderno possuem, em parte, a mesma motivação como questão política, pois todos eles são filhos de Roma e da Revolução Francesa;
2ª) depois, no seu desenvolvimento, tem-se a época atual, que é a da adoção das banalidades e da abolição da honra, enfim: a pós-modernidade, que traz a questão da morte do Outro;
3ª) teremos a questão do Discurso do Capitalista, que Lacan confronta, numa de suas últimas intervenções, com a questão da santidade, que ele apresenta a respeito de Joyce no seminário do *Sinthoma*.

Assim sendo, vamos entrar diretamente na primeira parte.

1. Apresentação: A Vergonha e o Olhar

Jacques-Alain Miller começa o seu trabalho dizendo que Lacan vai datar e retomar a obra de Max Weber sobre *A ética protestante e o "espírito" do capitalismo* outorgando ao capitalismo e a sua expansão uma moral puritana, presbiteriana, que revogava a lei da usura, medieval e católica. Ao não considerar a acumulação um pecado, isso teria permitido (vindo da interpretação anglicana, embora a interpretação anglicana, na origem, tenha mais razões passionais e de Estado) a expansão do capitalismo, a partir do século XIX, nos Estados Unidos da América, onde, talvez, estejamos assistindo, neste momento, ao começo de sua ruptura ou até mesmo de sua decadência. O capitalismo vai subsistir, possivelmente, como capitalismo de Estado na China, mas isso chega a ser uma ironia da História como diria Isaac Deutscher, desde que a China se torne cada vez menos maoísta e cada vez mais um capitalismo de mercado controlado pelo Estado, que foi o que faltou, recentemente, aos Estados Unidos. O erro dos EUA não foi ser um capitalismo de mercado, foi ser um capitalismo de mercado neoliberal, sem o controle regulador do Estado.

Como se sabe, Weber creditava, por contraposição à ética da usura, católica e medieval, a expansão e consolidação do capitalismo norte-americano ao puritanismo. Lacan ainda acreditava, em 1960, que continuaria sendo possível hiperdeterminar-se capitalismo e puritanismo.

Nós assistimos ao primeiro apogeu dos Estados Unidos, à primeira consolidação desse apogeu, quando os Estados Unidos se tornam hegemônicos como o país que melhor trabalhou o produto da Segunda Guerra Mundial. Produto político e econômico. Sua hegemonia foi a sua herança.

Foi, sem dúvida, um capítulo da História das Mentalidades e essa fusão tem assegurado, até hoje, a supremacia do capitalismo norte-americano.

Contudo, atualmente, evocando-se o historiador inglês Tawney, poder-se-ia dizer que, na mentalidade pós-moderna de nosso capitalismo neoliberal e "globalizado", o dístico "acumular em vez de gozar" não seria, como este autor supunha – por estar, então, inteiramente identificado com o "repressivismo mental" dos anos de 1960 (tipo "dessublimação repressiva" de Marcuse) –, uma repressão ao Gozo e muito menos ao desejo.

Isso quer dizer que, quando se formula essa tese pela primeira vez (pré-Lyotard, visto que o texto de Lyotard sobre o pós-modernismo é de 1980) na década de 60, quando se articula o "acumular ao invés de gozar", o Tawney, impregnado por aquele ideário pseudoliberal dos anos 60, achou que isso era uma coisa criticável, uma coisa "careta", pois o sujeito, ao invés de se dedicar ao desejo, iria se dedicar a enriquecer. No fundo, por mais "errônea" – e na época não parecia tão equivocada – que fosse a conclusão dele, se colocada em pratos limpos, ela queria dizer isso. Mas isso jamais poderia ser considerado uma repressão ao gozo e muito menos ao desejo, porque, antes de se tratar de enriquecer ao invés de desejar, trata-se de submeter toda a atividade humana pensante e emocional à lógica da acumulação. Logo, a acumulação torna-se o mais-gozar do capitalismo. E, aí, cabe uma observação bem arguta de Lacan sobre o marxismo e sobre, paradoxalmente, a psicanálise. Os que já leram *O capital*, que é um dos livros, no Brasil, mais citados e menos lidos, no livro 10 do tomo I vão encontrar aquele texto que enfeitiçou a nossa universidade, nos anos 70, chamado "Fetichismo da mercadoria". Ai apareceu um bando de "criativos de plantão", atribuindo ao termo marxista fetichismo o *status* de termo freudiano, o que era e é um equívoco. Fetichismo quer dizer lá, em alemão, feitiço. Marx estava falando do feitiço da mercadoria, ou seja, da capacidade que a mercadoria teria no capitalismo de enfeitiçar as pessoas ao equivaler trabalho e valor. E essa capacidade da mercadoria de enfeitiçar se devia ao fato de a mercadoria ter um duplo e indissociável aspecto: ser um elemento econômico e ideológico ao mesmo tempo. Isso seria uma forma de, a juízo de Marx, dissimular o que ele chamava de mais-valia. E o que ele chama de mais-valia tem um lado algo meio "datado", o que é um erro hoje em dia (desculpem-me por chamar Marx de "equivocado") e tem um lado estrutural que continua correto. Equívoco é dizer que o empregador pagaria sob a forma salarial só parte da riqueza que o salário emprestaria ao preço do produto. Numa economia em que o serviço é, hoje, tecnologizado e principalizado e o salário já não representa necessariamente a quantificação do valor em horas, isso soa como um absurdo, embora não fosse assim no capitalismo do século XIX. Mas, quando se raciocina do ponto de vista da relação entre valor e trabalho, a mais-valia estaria no fato de que o preço do trabalho não passava integralmente para o valor da mercadoria. E porque isso assim ocorria (e não podendo ser confessado, nem explicitado), criava-se essa mercadoria, que era a parte "lesada" (não paga), como feitiço. A grande inteligência de Marx foi perceber que o trabalho é mercadoria tanto para quem o compra quanto para aqueles, que eram os trabalhadores diretos, que emprestavam o valor-trabalho ao capital para transformar a mercadoria em lucro, ou seja, os que o vendiam; daí ele dizer corretamente salário, preço e lucro, já que para os dois a mercadoria era um feitiço: tanto para quem vendia quanto para quem comprava o trabalho. No entanto, o pensamento de Marx é, nesse mister, logo superado (isto é, no início do século XX) por uma autora marxista que, ao invés de continuar a sua obra, se intrometeu politicamente no terrorismo espartarquista, porque era, provavelmente, política e radicalmente, apaixonada por um espartarquista. E ao tentarem, num momento de crise da Alemanha, tomar à força as instituições do Estado, são assassinados pelo exército alemão a pedido da Justiça socialdemocrata. Outro dia eu escutei um "otimista de plantão" dizer que foram os nazistas que o fizeram. Não, pois a República de Weimar nunca teve nenhum nazista no poder, teve liberais e socialdemocratas. Mas, de qualquer maneira, o ministro da justiça manda o exército reprimir os espartarquistas e Rosa Luxemburgo é assassinada juntamente com o seu amante. E aí a sua obra ficou parcialmente esquecida, mas, antes disso, ela caracterizara uma coisa importante no capital que era a acumulação capitalista, na qual ela percebia uma coisa um pouco diferente. Pois, do ponto de vista do pensamento de Marx, a acumulação capitalista é o produto da mais-valia. Ou seja, como há mais-valia e como o capitalista não paga o valor do trabalho no preço da mercadoria, daí surge o princípio da acumulação. Para Rosa Luxemburgo não é a acumulação que gera o capitalismo, é o capitalismo que gera a acumulação, embora ela a chame de acumulação capitalista, porque o capitalismo vai internacionalizar, mundializar, nas relações entre as nações, o princípio da acumulação. É um livro brilhante, mas também um livro que fica no meio do caminho, pois ela não submete a ideia de acumulação ao fetichismo da mercadoria como seu efeito; e, embora tenha uma ideia de acumulação capitalista parecida com a que nós temos hoje, a acumulação para ela ainda era algo, apenas, da ordem econômica. Tanto Marx, que pensa a acumulação como sendo da ordem econômica, efeito da mais-valia, e o feitiço da mercadoria como o seu efeito ideológico, como Rosa Luxemburgo, que vê a acumulação capitalista como o modo de expansão do capitalismo, tratam a acumulação como um fenômeno estritamente econômico, com ou sem consequências ideológicas. E, antes de concluir esta breve digressão, gostaríamos de dizer, levando esse Tawney, pré-Lyotard, literalmente ao pé da letra, que seria como se o desejo, regulado pela Lei-do-Pai, na psicanálise, só tivesse necessidade objetal-pulsional e não apresentasse o seu crivo pela hiância, o que o remeteria à demanda (nos termos do *Seminário 11*), tanto do desejo quanto do discurso no e do Outro. O desejo não é voluntarismo libidinal. Como disse, fiz essa digressão toda para não confundir esse pensamento com a ideia de Lacan. No entanto, Lacan imputa ao pensamento de Marx a criação, antes de Freud, do sintoma social. Pois, como Marx trabalha com a ideia de mais-valia, como ele trabalhava com a ideia de que há um valor no trabalho que não é pago na forma de mercadoria, ele tem um pensamento neguentrópico, porque algo ali se perde para sempre. Se você empresta, com o seu trabalho, um valor ao preço e isso não lhe é pago e essa diferença se acumula, na realidade está-se inventando um sintoma social. O traço singular do capitalismo, para Lacan, é a mais-valia de Marx. Marx o teria inventado antes de Freud, que inventou o sintoma, no âmbito psíquico, não-médico, como universalização do gozo fálico. Nele (Freud), desde 1926, o sintoma se apresenta como um traço inequívoco de determinada estrutura, no caso a Castração.

A juízo de Lacan, se levarmos em conta, tanto o seu Seminário *O Avesso da Psicanálise*, quanto *O Sinthoma*, o que ocorre é a adoção de uma fantasmagorização do desejo a dissimular: discursivamente e de fato, o fato de que acumular tinha-se tornado uma nova e pós-fálica forma de "mais-gozar".

Quer dizer, voltando-se ao Tawney, ao invés de o sujeito ser um "caretão" dos anos 60, ao invés de ele se entregar ao desejo e à "porra-louquice", ele resolvia acumular bens. Só que ninguém disse a esse senhor, a não ser a memória da tradição marxista, que nessa frase "acumular ao invés de gozar" se estava falando apenas da acumulação de bens materiais. Agora, está-se falando de acumulação no sentido substantivo. Então, a lógica da acumulação (acumulação no lugar do gozo, acumulação como mais-gozar no capitalismo) é que irá se tornar, para Lacan, algo que contamina até a fantasmagorização do desejo. Ou não se faz circular socialmente o desejo sob a forma de revistas eróticas masculinas, de filmes eróticos explícitos ou implícitos, de ficções eróticas sobre artistas e modelos sexuais? Tudo isso submetido à lógica da acumulação, tudo isso é submetido ao dístico do Oscar: "o vencedor é...". Logo, cria-se na lógica da acumulação um mundo de vencedores e, nesses discursos, os que não são vencedores são serviçais ou excluídos. É outra grande vantagem do discurso de Lacan, que acaba com essa demagogia populista de obrigatoriedade de reinclusão social em face dessa distinção, bem clara, entre serviçal e/ou excluído. Excluído é o "cara" que não participa de determinada ordem discursiva e social e, hoje, no Brasil, recebe, possivelmente, bolsa-família, mas não diria que a classe média brasileira, até o mês passado (setembro de 2008), quando pensava que era primeiro mundo, seja uma classe média de excluídos. Ela é uma classe média de serviçais. É completamente diferente e nós vamos ver até o final a qualidade dessa diferença. O excluído deve-se incluir para além do parâmetro ideológico que parece "travestir" o ato econômico.

A acumulação no lugar de gozo parecia, aos incautos, a reversão da impossibilidade deste.

Quer dizer: como, para Lacan, o gozo é impossível, quando se põe a acumulação no lugar do gozo parece que se está tornando o gozo possível; todavia, pelo contrário, está-se tornando o gozo impossível para sempre. Está-se colocando algo para que se tenha uma relação de experimentação, para que não se cogite do gozo, porque já se concebe acumular como gozar.

Era isso que os eternos opositores – histéricos e/ou psicóticos, mas sempre impudentes e contraculturais – pensavam contrapor, como uma nova máxima, à ilusão paranoica do "governar", desde que tomada pelo seu "avesso", ou seja, ali propugnavam o anárquico princípio do antigovernar.

Como se já estivesse na época da "porra-louquice", no "movimento de maio de 68", de Woodstock, de suposição da "dessublimação repressiva"; e, se Freud nos disse antes que governar era uma impossibilidade, inventaram que governar era uma possibilidade; mas pelo avesso, queriam o princípio anárquico do antigovernar. E, para ter o princípio anárquico do antigovernar chegaram ao extremo de propor como um dos dísticos do "movimento de maio de 68", que não foi um movimento, foi um evento: "seja realista, peça o impossível". E mostrando a sua proximidade à psicose, o seu caráter refratário ao recalque, a sua confusão entre recalque e repressão, eles dizem outro absurdo, "é proibido proibir", confundindo repressão com recalque. Se é proibido proibir, se é proibido governar, o que acontece quando isso circula socialmente? Apenas são consolidadas as formas mais conservadoras de governança, por mais paradoxal que isso pareça.

Estamos falando, em suma, da "ilusão midiática e caetana", plagiadora tardia do "Maio de 1968" francês, a vociferar: "é proibido proibir". Por muito menos, Lacan criticou os equívocos dos psicanalistas, metidos a psicólogos, ao falar do arrebatamento na obra de Marguerite Duras. Preliminarmente, trocavam diagnóstico de personagens com comportamentos egoicos e, assim, confundiram paixão com arrebatamento, pois a paixão, como se disse em nome de Freud, é algo que se tem quando sexualmente excitado e se contrapõe à amizade, que é uma relação que não leva em conta o interesse sexual; e, se quisermos ir a Lacan, arrebatamento é, por exemplo, aquilo que Capitu provoca em Bentinho, com seus "olhos de ressaca": não cessa nunca. Então, confundir paixão com arrebatamento é confundir uma coisa perene com uma coisa fugaz. Em seguida diremos que, sem dúvida, essa evocação da Psicose com aparência, *soi disant*, libertária conjugava com valor de impotência histérica o que era de fato uma impossibilidade: "ser realista" ("seja realista, peça o impossível").

Porque ser realista para a tradição positivante e evolutiva do século XIX era viver e/ou expressar-se conforme a realidade. Ser realista para Lacan é requisitar o impossível e os estudantes de "maio de 68" foram por aí – "seja realista, peça o impossível" –, porque eles entenderam o que era realismo na primeira parte da lição, mas na segunda foram "reprovados". Se tivessem entendido não pediriam a revogação de impossibilidade, conforme a lição freudiana.

Então, agia-se como se num "toque de mágica" o princípio psicótico da abolição da moral burguesa franqueasse, qual o delírio de Prometeu, a chama que desse acesso ao Real propriamente dito, pois era assim que esperavam manter acesa a chama política da nova ordem, ainda que assentada numa contradição paradoxal, pois confundiram – como era comum ao imaginário cultural daquela época – recalque com repressão e apostavam em um tipo de ilusão do "governar" que tangenciava, em "incrível flerte", a projeção da "consciência política" na "loucura".

Existe todo um discurso... Lembro-me de que a psicanalista Sandra Beck da Silva Etges tem um trabalho sobre o filme *Bicho de sete cabeças*, muito bom, que refuta essa apologia à psicose, assim como nos anos 70 há toda uma apologia, em Woodstock, ao sexo, drogas, *rock and roll* e "loucura", pois eles adoram fazer apologia à loucura; não se dão conta do caráter trágico da loucura, do caráter de irreversibilidade possível da loucura, e há ainda alguns que acham que o fato de possuir o apelo à drogadicção era uma forma de "criação" e não de "embotamento". Portanto, como reação, isso só poderia ter gerado, dentre outras coisas, o terrorismo civil e sua lamentável repressão pelo "terrorismo de estado" no recente passado político-militar da América Latina.

Ou, também, o estado militarista, nos Estados Unidos, como contraposição ao "paz e amor", sob o governo Johnson, que foi o "grande" governo da guerra do Vietnam e da revolta contra a guerra do Vietnam. Woodstock se politiza à força e, em vez do dístico do Mestre "Vencer ou Vencer", adotam o dístico do servo hegeliano: "Vencer ou Morrer". E, por isso, por mais absurdo que pareça, tomavam como lamentável modelo libertário, que era injustificadamente dignificado pela juventude contestadora europeia, a "nazificante" e totalitária revolução cultural chinesa. Pois, em nome da nova ordem, o que propugnavam era a eugenia dos espíritos (o apagamento do passado). Logo, essa inútil e impostora adoção – pela via de seu avesso – de uma das acertadas impossibilidades freudianas não fazia senão reconhecer, apesar deles, o triunfo do discurso adversário. Aliás, sequer sabiam que se tratava de um discurso, pois o pensavam apenas ora como um modo de produção, ora como um sistema social hegemônico (o que também procedia), mas não se davam conta, sobretudo, de que essa forma de discurso era, naquela época, o próprio futuro (e atual presente) do capitalismo no seu fazer neoliberal. Não se davam conta do triunfo de um discurso que passava a ser a irredutibilidade do capitalismo, pois, ao apor a acumulação, então pós-fetichizada, no lugar do Gozo, ele (o discurso) nos fazia deparar com a foraclusão imediata dos efeitos imaginários de Lei do Pai, da Castração. Para tal nos fazia crer que havia, de fato e de direito, um "novo saber impossível" sobre o Gozo: a acumulação.

E, por falar nisso, qualquer semelhança com esse recente "desastre da bolsa" não é mera coincidência; trata-se de acumular a qualquer preço e, possivelmente, ser sempre socorrido pelo idealizado "Pai-Estado". Logo, assim sendo, como se disse, ao apor a acumulação, pós-fetichizada, no lugar do Gozo (já que não se tratava apenas de a mercadoria ser tomada como feitiço desse sistema social e sim de a acumulação ser um novo significante no lugar do Gozo a projetar, como "mais-gozar", o seu objeto *a* na mais-valia capitalista, o que levou Marx a ser o primeiro, a juízo de Lacan, a dar forma de Sintoma Social ao Sintoma), iríamos ver que não seria mais a mercadoria o eterno feitiço para onde o Sintoma Social deslocaria o seu não explicável na relação econômica, ou seja, a relação entre trabalho e valor; pois esse fetichismo da mercadoria fora transformado, sob o manto diáfano das leis do consumo e do sistema da moda, apenas em sua face visível. Portanto, essa fantasia teria como axioma um Sintoma Social (a mais-valia) que, sem dúvida, ultrapassava as imperfeições inerentes às leis de seu aparente desenvolvimento social, visto ser ela que, em última instância, nos remeteria ao princípio Real da acumulação como ícone e/ou simulacro do Gozo; o que, ainda que proposto por um viés ideológico, já fora, desde então, estabelecido por Rosa Luxemburgo em seu *A Acumulação do Capital*.

Em seguida, até encerrando esta parte preliminar, lembramos que, como já se disse, assim formulado, esse sistema lógico do Discurso do Capitalista comina ao Sujeito, já por ele destituído, o lugar, em forma escópica de olhar, de anonimato do Outro, desse Outro que, condenado à Morte, nos legará, escopicamente, o olhar anônimo próprio daquele Sujeito despossuído; e tal evento, contudo, nos levará ao desmentido da honra e à supressão da Vergonha.

Quer dizer, em nome do princípio da acumulação não há Outro que sustente esse discurso, pois, se o Outro está morto, o sujeito se torna anônimo, porque a identificação se garantia no Outro, e se suprime toda e qualquer ética, seja a ética da psicanálise, seja qualquer moral social, porque nada se pode sobrepor à acumulação. "O Senhor das armas" é um dos únicos filmes a que assisti e que deixa claro o caráter amoral do discurso do capitalista. Ele não é imoral porque o discurso do capitalista não é perverso, perverso é o discurso de Sade, que acreditava poder colocar o prazer no lugar do gozo. Ele não coloca o prazer no lugar do gozo, pois a acumulação, também, abduz o prazer. Então, na realidade, não pode, diante da exigência do princípio da acumulação como única forma social aceitável, haver lugar para a honra e a vergonha. E não sei se vocês percebem que o pensamento político de Lacan sai desses padrões, desse "chulé ideológico", que é uma redução sociológica, e parece estar apto a responder a uma série de questões que estamos vivendo agora. Ou isso que aconteceu, no não-controle do capitalismo liberal de mercado pelo Estado, simplesmente aconteceu, ou o princípio de acumulação justificou tudo, inclusive qualquer abolição de honra e vergonha? E os recentes fatos ocorridos no Brasil, tipo "mensalão", para usar somente uma metáfora da nossa mídia, também não têm a ver com a sobrevivência do Estado (Governar) às custas de qualquer abolição da honra e da vergonha? Num caso trata-se de acumular riqueza, no outro se trata de acumular poder.

Por essa razão, uma vez desmentida a honra, dar-se-á, como efeito automático, a abolição e/ou supressão da vergonha; efeito derradeiro e radical dessa nova estratégia do olhar. Só para recordar, nele não mais teremos o olhar excludente da bovárica – *L'École du Regard* de Maupassant – e muito menos o olhar referente ao ponto de vista inclusivo, próprio do terceiro olho, para Lacan escopia de objeto *a*, e atribuído por ele tanto, por via pictórica, às *As Meninas* de Velásquez quanto, por via verbal, ao arrebatamento de Lol. V Stein em Marguerite Duras.

Assim, será aí que encontraremos a verdadeira ideia de excluído, por exemplo, pois, se alguém se "comportava" mal moralmente, se "comportava" mal politicamente, desde a Grécia, dava-se a essa "pessoa" o lugar de ostracismo. Exclui-se o terceiro, mas esse lugar de terceiro excluído não é o que está em jogo aqui, embora chegue a fazer parte até da kantiana lógica clássica. Muito menos o olhar que reinclui o excluído, que é a lógica do terceiro olho, que para Lacan, refere-se à escopia do objeto causa do desejo que, como já foi dito, é atribuído por ele, por via pictórica, a *As Meninas* de Velásquez, e por via verbal ao arrebatamento do personagem Lol. V Stein do romance de Marguerite Duras. Quem já viu *As Meninas* de Velásquez sabe que aquele quadro tem três pontos de vista pictóricos, mais do que pensou Foucault na introdução de *As palavras e as coisas*, corrigido, em presença, por Lacan; pois não se tratava, apenas, da representação da representação, ou de um quadro dentro de outro quadro, mas de que o olhar seguia três direções: 1º) o olhar do pintor dentro do quadro está posto lá; 2º) o olhar do pintor fora do quadro o mostra pintando o quadro; e 3º) o olhar da imagem pintada, que não aparece e que é, possivelmente, a imagem da Rainha e do Rei refletidas no quadro, pois apenas são refletidas escopicamente; ora, esse é que é o olhar inclusivo. Então, numa época que advoga a morte e a condenação do sujeito ao lugar de serviçal, para-além do excluído – que é próprio da *L'École du Regard*, que trata do excluído do ponto de vista moral, ou de Vitor Hugo, com seu romance masoquista, social e moral, que tratou do excluído do ponto de vista social (ainda que idealizado pelo ideário do romantismo francês)–, não se trata do excluído, nem do reincluído, trata-se da exclusão plena de tudo o que não for serviçal. Trata-se de isso ser garantido pelo anonimato do sujeito (é por isso que ele vai ser um serviçal) e, consequentemente, pela morte do Outro. Esse novo olhar anônimo irá transcender não só ao "voyeurismo" perverso, mas também ao mandamento mortal do Outro não-castrado, quando presente no psicótico: "ter um Symptôme".

Quer dizer, não é aquele psicótico que tem um delírio paranoico de estar sendo controlado, não é o "voyeur" fetichista que pega o binóculo para ver a vizinha "pelada", ou fazendo sexo... É sempre um olhar anônimo, um olhar próprio, não fetichizado, da deposição do Sujeito. Olhar que se torna o único portador da vergonha a ser elidida. Porém esse tipo de olhar terá, nos adverte Lacan, um *déjà vu* que nos irá trazer, no anonimato do Outro, a evocação de sua Morte. Por essa razão, em sua *Ética*, Lacan nos dirá: "reconheço porque Pascal e Kant (para ele dois modelos de moral cristã) se agitavam de um lado para outro como dois serviçais a ponto de sustentarem Vatel...".

Vatel, e vou contar a sua história, era um serviçal que se suicida por não ter conseguido fazer com que seu senhor e nobre satisfizesse o Rei da França num banquete. Ou, dito de outra forma, ao contrário da Tiquê, da Ventura, da ex-fortuna, da hoje consagração ao infortúnio, do que se supõe o continuador dos efeitos de maio de 68, o que sobrou daquele tempo e teria sido abandonado hoje em dia seria uma preocupação ética e republicana do ciceroniano "bem comum", mas isso não é verdade, pois desde aquele tempo, de forma dissimulada e sob a égide do sublime objeto da ideologia, a contestação, *apud* repressivismo, já continha o bergaminiano "ovo da serpente" da impudência, desde sempre denunciado por Slavoj Zizek, no seu acobertamento pelo *Sublime objeto da ideologia*.

A impudência no Brasil não tem ideologia, ela está em todos os lados do tear ideológico. É extremamente curioso o Sr. Delfin Neto dizer, em *O Globo* de um domingo, que os banqueiros americanos eram uns patifes e mereciam estar presos. Eu concordo inteiramente com ele e por isso lhe pergunto: onde estão os brasileiros que "faliram" os seus bancos desviando recursos para o exterior? Também deveriam estar todos presos?

2. A Pós-Modernidade (adoção das banalidades e abolição da Honra) e a Morte do Outro

Então, vamos retomar a história de Vatel: Vatel era de direito, qual o sujeito deposto no Discurso do Capitalista o é de fato, apenas um *Maître d'hotel* (o gerente, o principal serviçal do hotel). Devemo-nos lembrar que, no Discurso do Capitalista, o lugar de serviçal será análogo ao de *Maître d'hotel.* Nele, o capitalista irá ocupar um lugar antes atribuído à autoria do Mestre para com isso abolir a sua via sublimatória, por ser portador de um enunciado que é a garantia de si mesmo.

Afinal, quem são os mestres? São os autores das próprias palavras, são os artistas e os cientistas e os seus enunciados que, por via discursiva, são a garantia de si mesmos, exibem garantias de uma interpretação da verdade, a partir do saber do Outro. Entretanto, eles são, hoje, substituídos pelas "personalidades atraentes", no sentido de Alain Filkenkraut, pelas personalidades do mundo da mídia. Desse modo, conforme o Discurso do Capitalista, só pode aparecer na mídia aquele que ocupa esse lugar de serviçal.

Estabelecido isso, veremos como exemplo que Vatel era o organizador das festas do Príncipe de Condé. Este, por sua vez, pretendia, com elas, "cair nas boas graças" do rei de França, e tais propósitos teriam ficado demonstrados, sobejamente, na "correspondência" de Mme. de Sévigné, tida e havida como avó de Proust. Então, como se narrava, para agradar o príncipe, e este ao rei, Vatel, na organização de suas festas, geralmente ficava indormido por cerca de 12 noites. Todavia, malgrado seu esforço e dedicação, Vatel, na festa em questão, havia encomendado doze cargas de peixes e frutos do mar; entretanto, infelizmente, só duas delas chegaram a tempo e a festa foi um fracasso. E este Vatel, que Gerard Depardieu tão bem representou no cinema e que Lacan, infeliz e obviamente, não assistiu, foi responsabilizado pelo Príncipe de Condé pelo fracasso da festa dada em homenagem ao rei. Então, culpabilizado, mortificado pelo fracasso, Vatel se suicida; ou seja, morre, explícita e literalmente, de vergonha. E embora, de fato, Vatel ainda fosse designado como um serviçal (na frivolidade dos "Setecentos"), se tratava, de direito, de um servo, não de um criado; de um vassalo, não de um empregado doméstico.

Ou seja, um serviçal é um criado, um empregado doméstico, não um vassalo. E o *Maître d'hotel*, o mestre de cerimônias é um vassalo, no sentido que a idade média legou ao Renascimento: o de um mestre na corporação de seu ofício. Vatel era um mestre na organização de banquetes, assim como Leonardo da Vinci, que trabalhou para Sforza pintando, esculpindo e sendo mestre de cerimônias, de espetáculos e de festas.

Ele era um típico vassalo *old fashion*, aquém de seu tempo, um medieval e histérico vassalo, inteiramente identificado, até a morte, com a suposição de honra, tida e havida como marca própria da nobreza; isto é, a honra e o sucesso de Vatel eram os de seu Senhor. Assim sendo, como se disse, não era propriamente apenas um *Maître d'hotel*, mas era aparentemente a *mise-en-scène* da servidão (conforme "A dialética do senhor e do servo" de Hegel); todavia, ao contrário, era o que realizava a conjunção literal da verdadeira vassalagem histérica, de hegeliana natureza medieval, na qual a impotência, na forma de fracasso, seria como um "ser-para-a-morte" cobrado do servo nos termos do duo: nobreza/honra. E Vatel, embora aparentasse ser um mero *Maître d'hotel* dos "Setecentos", não se reduzia ao serviçal/empregado por egoica imposição externa. Era "um mestre de ofício", "mestre do ofício de banquetes", e isso nos remetia ao pensamento do "jovem" Hegel de Jena, e não à moral cristã, quer de Pascal, quer de Kant, e nos conduzia, também, às corporações de ofício pré-quinhentistas, nas quais encontraríamos Leonardo da Vinci. Nela se daria sempre ao Sujeito destituído o lugar natural de serviçal, de que o *Maître d'hotel* não era um exemplo. Mas os "setecentos" destituíam algo análogo ao que Bertold Brecht estabelecera como o lugar do criado, vide *O Senhor Puntila e seu criado Matt*. Entretanto, essa construção viola e atenta contra a ética autoral do Discurso do Mestre cujo pilar, talvez sem o excesso do "infortúnio" de Vatel, conjugaria sempre o erro e/ou o fracasso sob a ótica da desonra, e o seu destino sob a ética da vergonha. Mas, para nós, em época de pós-modernismo capitalista, só irá sobrar a moral do serviçal, já abonada por Pascal e Kant; o que, a juízo de Lacan, faria de todos um bando de serviçais atormentados e/ou angustiados pela vergonha de sobreviver e, no máximo, daria aos sujeitos humanos, depois de destituí-los da honra e da autoria, o lugar de despossuídos, dos que estariam para sempre identificados com o conluio entre homem/serviçal/vergonha, desde que conjugado segundo o binômio moral: austeridade cristã X frivolidade de consumo. E, então, teríamos a ausência, apontada por Lacan, segundo Jacques-Alain Miller, da não-toda verdade no pensamento ético e/ou estético do século XVIII, só que banalizada como uma virtude consumerista da acumulação capitalista na época atual. Pois, se Pascal queria apostar na existência real do Outro, queria apostar no Outro como o mais puro "mais-gozar" de Deus, o fazia em nome do Deus da moral apostando tudo nele, já que não será todo dia que o "mais-gozar" será não-humano, "pós-morto", transcendental e imortal; a nossa época indicará como tal, reconjugando esse olhar aprovador da morte do Outro, a amoralidade da acumulação. Se Pascal distinguia-se de Descartes que preferia ver a "ex-sistência" de Deus como um contributo da fé dado como garantia e certeza da Ciência Matemática, o mesmo não se pode dizer de Kant e de sua *Crítica da Razão Prática*. Nela se irá preferir ver a verdade, ali um princípio matemático e inato, como uma criação metafórica da imortalidade do espírito (alma); assim conjugada, e posta em prática na forma de moralidade intrínseca, essa verdade será apresentada como modelo a ser seguido na sociedade, já que era a expressão de um imortal valor espiritual, transcendental, inato e apriorístico. Ela, na forma de um livre-arbítrio inatista, será, ali, a garantia do exercício da imortalidade do espírito, cujo único fracasso admissível é debitado na conta da adversidade passional (é por isso que, para Kant, a comunidade humana não funciona, porque os homens escutam os ditames da paixão e não da razão), o que não impedirá, todavia, que a "Faculdade de Julgar" e/ou o "Julgamento Estético" possam vir a cerzir a "incompatibilidade natural" entre o sensível e o inteligível, graças ao artista ser visto como um "gênio criador", graças, também, a sua incursão no reino sublimatório da "finalidade sem fim" (esta seria a única faculdade sem uma finalidade. A finalidade da razão pura é o conhecimento, a finalidade da razão prática é a política e a liberdade e a estética é uma "finalidade sem fim"). Entretanto, se for vista de outra forma, essa verdade feita virtude, quando emanada da moralidade social, se irá garantir no sentido apriorístico de Deus, o verdadeiro esteio da imortalidade do espírito. Tal evento, sem dúvida, tornou possível a suposição de circulação social da virtude cristã entre os homens sob o jugo imaginário de um superegoico, ainda que lógico e humano, livre-arbítrio. Entretanto, nos advertirá Lacan, para não nos esquecermos de que o que estava em jogo era a virtude ser tomada como um simulacro e não como a Verdade não-toda; isso porque mesmo a virtude desse "Deus" kantiano, assim como o olhar "panóptico" do deus da moral de Pascal, não irão fugir do fato de que é essencial cominar aos sujeitos o fardo de serem "despossuídos" pela ação moral e escópica do anonimato acéfalo, que é próprio do olhar de um Outro, que só lhes transmitirá o lugar de serviçal. Assim qualificado e destituído, o Sujeito torna-se "vítima", passiva e lombar, de um olhar que apenas conserva e transmite um único sentido moral apriorístico: envergonhe-se e/ou cultue a virtude (só que a virtude ali é posta do lado do Real: envergonhe-se e/ou cultue o impossível). Este mandamento se presta para que o "serviçal" só venha a conjugar a própria vida como uma eterna e culpada abstinência do desejo e/ou enquanto uma longa espera da vergonha, que sempre irá comparecer advinda do lugar da culpa.

3. Conclusão: Capitalismo e/ou Santidade

Vamos, agora, à conclusão, pois os leitores hão de convir que talvez nunca tenham escutado um pensamento político tão singular assim. Tanto ele é pertinente que não há nada que o faça aparentemente parecer com os pensamentos (ditos) políticos já conhecidos; mas dizê-lo pertinente, é, no mínimo, interessante.

E se Lacan nos disse, em Roma, que a Religião triunfaria, pois sempre iria substituir com êxito, face à morte, a angústia, hoje se pode dizer que, despido dos simulacros morais cristãos, presbiterianos ou não, o Discurso do Capitalista irá substituir essa moral pelo advento não mais do reconhecimento não pecaminoso do mero lucro do trabalho abonado (lugar da "usura"), próprio da moral presbiteriana (momento weberiano), mas sim pelo uso sem limites da acumulação no lugar do Gozo, cujo Sintoma Social foi outrora, na sua origem dezenovesca, identificado por Lacan na mais-valia de Marx e cujo fetiche fantasmático vinha sendo reduzido pelo marxismo ao reconhecimento do mero "encanto" da mercadoria no lugar do valor do trabalho. Mas, nesse momento, já sem álibis, estará banalizada a agressividade, abolida a autoria, suprimida a honra, banida a vergonha e cultuada a acumulação como um novo "mais-gozar".

Não sei se percebem que não há sistema político no mundo atual que não tenha, até hoje, se submetido ao princípio da acumulação capitalista não só no sentido econômico, mas em todos os seus mais amplos sentidos. Não confundam a decadência do capitalismo norte-americano com o triunfo de outro tipo de capitalismo. O capitalismo não está necessariamente decadente. O capitalismo não acabou quando, por exemplo, se substituiu o capitalismo inglês, que procurava compatibilizar esse modo de produção capitalista com o colonialismo, pelo modelo norte-americano; este sobreviveu, por duas vezes, ao seu próprio excesso, que era ter uma bolsa de valores fictícia não-controlada pelo Estado. Hoje, eles, *apud* Obama, sabem que o Estado tem que intervir a qualquer momento para repor a credibilidade do mercado. Mas isso não vai impulsionar a economia americana com bens que eles não possuem mais. Porém isso não quer dizer que o capitalismo vai acabar, isso quer dizer que o capitalismo pode se modificar. Isso significa que vamos continuar raciocinando em termos de Discurso do Capitalista. E não se esqueçam de que é o democrata Obama o presidente dos Estados Unidos. Se vocês têm memória recente, o governo Clinton não gerou o déficit público, ao contrário daquele texano, ligado ao petróleo e à indústria armamentista, que "armou" guerras em tudo quanto foi lugar e despedaçou a economia do país. Armar guerra e vender casa para quem não podia pagar foi a grande estratégia geopolítica e econômica dele, embora, de uma certa forma, a última fosse fruto do populismo econômico de Clinton...

Talvez por essa razão Lacan tenha dito, aplicando ali o valor de joyceana autoria sintomática ao termo empregado: "Contra o Capitalismo, só mesmo a santidade", referindo-se ao Discurso da Capitalista. Desse modo raciocinando, Lacan supõe que Joyce sai de uma questão de "debilidade" face à referência paterna, porque ele constituiu um sinthoma pela via da santidade. Constituir um sinthoma a partir de sua educação, baseada na epifania e na influência jesuítica e de São Tomás de Aquino, fez com que ele chamasse Joyce de "Santo-Homem", propondo uma blague homofônica entre santidade e sintoma, e vai dizer que contra o capitalista só a Santificação do Sintoma, que para ele é o Discurso do Capitalista e não um modo de produção, pois é um modo de pensar, visto que os lacaneanos sabem que é o discurso que rege o mundo e não, como pensavam os marxistas, que ele era uma superestrutura da realidade econômica. Então, se você universaliza esse modo de pensar, se irá fundar qualquer política, qualquer ideologia, qualquer economia, como forma de concretização do triunfo desse modo de pensar. Então: "Contra o capitalismo, só mesmo a Santidade". Contra o capitalismo, só mesmo tendo um sinthoma, não abrindo mão do seu desejo. Mas, mesmo quem faz isso, como vai sobreviver sem a acumulação? Pois sinthoma é um *savoir-faire* que "emenda" e/ou "sutura" um sujeito à nomeação de seu gozo, apenas isso.

Enfim, penso que a visão política da psicanálise é extremamente diferente das outras. E a acho extremamente prática, porque ela coloca as coisas onde as outras não costumam colocar. De um lado, há um grande significante na mentalidade: a acumulação; de outro lado, existe o que a adoção dele nas diversas esferas sociais destituiu. E qualquer relação com o noticiário não é mera coincidência; seja o noticiário econômico internacional, seja o noticiário político brasileiro, seja mesmo o noticiário local, todos explicitam tal procedimento.

Finalizando, sob o princípio da acumulação não se está mais maniqueistamente situado, em "guerras frias" (político/ideológicas), ou do lado do trabalhador ou do capital. Todos estão sob o gládio da acumulação: ou se é um excluído, ou se é um serviçal, e se for um malsucedido nessa acumulação, por algum conflito com a ordem jurídica, será culpabilizado e excluído por isso. No Discurso do Capitalista só há lugar para os vencedores, para aqueles que são bem-sucedidos na lógica da acumulação. No capitalismo hodierno, a moral só surge para condenar o malsucedido, e o Estado de Direito e a democracia para legalizar e/ou legitimar a sua condenação; o que nos candidata ao sentido que, alguns pensadores, inspirados retroativamente, como Giorgio Agamben, nos conhecimentos filológico-linguísticos de Émile Benveniste, chamaram de *Homo Sacer*, ou seja, a exclusão como reversão da santidade, como forma de evitação do serviçal, na qual o sacro perde a intocabilidade e passa a ser passível de ser morto, malgrado a ordem jurídica vigente; trata-se de algo próximo do "linchamento moral" e/ou do "assassinato cultural".

Capítulo 6

Questões preliminares ao Seminário: Lacan, a psicanálise e a política

Coordenação: Ernesto Söhnle Jr. *

No intuito de contextualizar a conferência[1] ministrada pelo Professor Antônio Sérgio Mendonça, em 07/10/2008, sobre Lacan e a questão política, gostaria de lembrar que, embora Lacan tenha sido convocado, em 1969, pelos estudantes de filosofia da Sorbonne – que constituíam uma espécie de vanguarda estudantil-revolucionária de época e que, por esta razão, liderou a irrupção estudantil de 68 –, essa questão já se prenunciava em 1966, não por uma pseudointerpretação psicanalítica, mas sim porque esses mesmos estudantes já o haviam entrevistado em 66, sendo que, de todas as respostas dadas por Lacan, somente uma delas teria relação direta com o efeito futuro que ficou conhecido como "Maio de 68". Assim, tomando

---

* Psicanalista, membro do CEL / RS, Mestre em Desenvolvimento Regional pela UNISC, Doutorando em Educação e Psicanálise pela UFRGS.

1 Baseada em seu próprio trabalho – em que retoma as "vã-cenas" universitárias testemunhadas por Lacan para denunciar o desaparecimento da Vergonha, conforme o *Seminário 17*, bem como a sua posterior articulação com o Discurso do Capitalista, destacando o tema da impudência – intitulado: "A honra, a vergonha e a autoria e/ou alguns dos ecos (impudentes) pós-68", publicado na *Revista Rio Total*: Opinião Acadêmica, nº 588, Rio de Janeiro, 2008. Disponível em: <www.riototal.com.br/coojornal/antoniosergio033.htm>. Acesso em: 05 jul. 2008.

como roteiro de minha exposição o texto: "Lacan e(m) 68 rotações"[2] do conferencista acima citado, sumarizo rapidamente as intervenções que não tiveram uma relação direta com maio de 68, mas que ilustram, de forma panorâmica, o pensamento de Lacan sobre esse evento histórico e de mentalidade, senão vejamos.

Na 1ª parte da fala de Lacan, subintitulada Consciência e Sujeito e contida no texto: "Resposta a estudantes de filosofia", publicado nos *Outros escritos*, o mestre de Paris dissertou sobre "o perigo do rebaixamento do sujeito ao ego (*moi*)"[3], como queria o "revisionismo psicanalítico". Mais adiante, na 3ª parte de sua fala, cujo subtítulo foi: Psicanálise e Filosofia, Lacan centrou o diálogo com os estudantes na retificação do sentido equivocadamente atribuído à suposição de Freud sobre o discurso filosófico possuir um enunciado paranoico. Essa questão foi levantada pela audiência devido a um comentário exagerado de P. Kaufmann, quando da publicação de um texto inédito do mestre de Viena. Ali, inspirado nos naturalismos *à la* Schreber, Freud realmente disse isso, mas, segundo Lacan, não como uma suposição universalizante e sim como uma particularidade, ou seja, apenas determinados enunciados filosóficos, a seu juízo, apresentariam uma evidente questão paranoica. De qualquer forma, tal ocorrência levou Lacan a definir esse momento do discurso de Freud "como uma etapa selvagem da ironia freudiana"[4], ainda que Freud tenha sido aluno de von Brentano, inspirando a construção de sua categoria de Inconsciente no conceito de natureza do poeta-filósofo Goëthe, além de ter sido tradutor de Aristóteles para a língua alemã. E, como se sabe, Lacan não compartilhava da suposição freudiana de ser a filosofia uma "quimera", embora, também, tenha identificado enunciados paranoicos em determinadas passagens dos discursos

[2] MENDONÇA, A. S. Lacan e(m) 68 rotações. *Revista Rio Total*: Opinião Acadêmica, nº 587, Rio de Janeiro, 2008. Disponível em: <www.riototal.com.br/coojornal/antoniosergio032.htm>. Acesso em: 28 jun. 2008 (trabalho apresentado aos estudantes de filosofia da UFRGS, no dia 12 junho de 2008, no ciclo de palestras intitulado: "40 anos do movimento", promovido pelo Grupo Cultura Livre, por ocasião do aniversário de 40 anos de "Maio de 68", na Usina do Gasômetro, em Porto Alegre, RS).

[3] LACAN, J. Resposta a estudantes de filosofia. In: *Outros escritos*. Rio de Janeiro: Jorge Zahar Ed., 2003, p. 212.

[4] LACAN, 2003, p. 217.

mítico, místico e filosófico como, por exemplo, no mito de Prometeu, no pedagogismo da "boa-selvageria", atribuída a Rousseau, bem como no "superego" lógico-apriorístico, expresso na moral cristã e social de Kant. Contudo, Lacan deixa claro que a concepção freudiana de paranoia, como delírio homossexual, remete, principalmente, ao "assassinato da alma" do Presidente Schreber. Aliás, o próprio Lacan se valeu abdutivamente dos pensamentos de Platão, Aristóteles, Spinoza, Santo Tomás de Aquino, Santo Agostinho, Karl Marx e, sobretudo, Hegel, bem como acolheu as ideias de um Heidegger, segregado pelo "patrulhismo" do pós-guerra, distinguindo sua obra de suas vicissitudes pessoais, assim como fez com Koyré, Kojève e Picasso, dentre muitos outros. Finalmente, na 4ª parte de suas respostas, que foi subintitulada Psicanálise e Antropologia, Lacan estabeleceu a distinção entre a Psicanálise, enquanto "ciência do que falta ao homem", da abordagem das ciências do homem, bem como da Antropologia estrutural de Claude Lévi-Strauss.

Mas, sem dúvida, foi no 2º grupo de respostas dado por Lacan aos estudantes de filosofia, em 66, e subintitulado Psicanálise e Sociedade, que se verificou uma relação direta com o evento iconizado, posteriormente, como "Maio de 68". De saída, Lacan iria desconstruir, a despeito da categoria marxista de alienação, a imprecisa tentativa de fusão entre a ideia de "trabalho alienado" e um suposto "sujeito do desejo", a partir da qual seus quase "inquisidores" apontavam à existência de "sujeitos do desejo alienado". Diante dessa montagem generalizante, Lacan demonstrou, ironicamente, que os futuros contestadores estavam produzindo um equívoco teórico insustentável, embora pudessem estar acertando, sem querer, a descrição da obsessividade, pois quem aliena o seu próprio desejo é o neurótico obsessivo, desde Freud, conforme o "Homem dos Ratos", que o aliena, ali, por postergação.

Já ao ser indagado sobre a Psicanálise ser uma "terapia classista", por ser paga, afirma que não, já que o que lá está em jogo é a transferência e não a pecúnia. Nessa altura, a sua crítica, até então implícita, ao repressivismo dos enunciados de "Maio de 68" começa a se delinear, quando ele distingue ato psicanalítico de interpretação e/ou de ato político; pois se o primeiro (visante do Real), por não suportar nenhuma visão de mundo, dá lugar à verdade subjetiva e não-toda, que assume um "efeito revolucionário", o segundo tem relações com a "Verdade" (inerente à fantasia ideológica), bem como com o convencimento e com a manipulação das massas, mas, sobremaneira, com o poder e sua manutenção. Por isso Lacan disse aos estudantes:

> Mas, para evitar qualquer equívoco, tomem nota de que considero que a psicanálise não tem o menor direito de interpretar a prática revolucionária – [...] [como queriam os analistas franceses ligados a IPA] –, mas que, ao contrário, a teoria revolucionária faria bem em se julgar responsável por ter deixado *vaga* a função da verdade como causa[5].

Ou seja, a teoria revolucionária deixou vaga a explicitação da verdade que poderia sustentar sua causa, conforme antecipado em "A ciência e a verdade", onde Lacan já teria posto em questão a categoria do materialismo dialético:

> Ainda que Lênin tenha escrito: "A teoria de Marx é onipotente porque é verdadeira", ele deixa vazia a imensidão da pergunta aberta por sua fala: por que, supondo-se muda a verdade do materialismo em suas duas faces, [...] seu poder aumentaria ao ser feita sua teoria? Responder com a consciência proletária e com a ação do político marxista não nos parece suficiente. Ao menos se anuncia aí a separação de poderes, entre a verdade como causa e o saber posto em prática[6].

Mais uma vez, Lacan estava se referindo ao materialismo dialético que, por suposição epistemológica, era "garantidor" de cientificidade do histórico, ainda que este claudicasse diante da função da verdade[7]; vide a truculenta narrativa, à luz dos expurgos, do *Breve curso de história do PC (b) da URSS* (1938), *by* Stalin (seu *ghost writer*). Mas, conforme o ponto de vista dos vencidos[8], o Partido soube aplicar muito bem a mesma regra que

---

5 Ibidem, p. 215 (grifo meu).

6 Idem. *Escritos.* Rio de Janeiro: Jorge Zahar Ed., 1998, p. 884.

7 Confrontar nota explicativa no final do texto.

8 Cf. MONDAINI, Marco. O Grande Terror no comunismo soviético. In: PINSKI, J.; PINSKI, C. (orgs.). *Faces do fanatismo.* São Paulo: Contexto, 2004, p. 154-171.

fez a Igreja Católica Apostólica Romana resistir por 2 mil anos: "condenar aqueles de cuja política se apropriam, canonizar aqueles [como, por exemplo, Marx] dos quais nada tiram"[9]. Ou seja, ao mesmo tempo que essa "visão política de mundo" propôs a ilusão fantasmática de uma sociedade sem classes, na prática ela construiu (e não superou) o antagonismo próprio de uma "ditadura do proletariado", enquanto consolidação do "socialismo real", fiel herança das paranoicas concepções leninista-stalinistas e neoestalinistas que desembocaram no fracasso econômico do "imperialismo" russo. Logo, essa cortina da "boa" consciência proletária, apoiada no mito da felicidade da pátria comunista, nunca apresentou sua verdade como causa, já que no lugar da causa ela apenas destacou o álibi delirante da conspiração total para legitimar o argumento político-partidário de que a metodologia da segregação se justificaria na grandiosidade dos fins. Assim, em nome desse "sublime objeto ideológico", a ação marxista-leninista apenas realizou o triunfo bolchevique dos quadros executivos. Tratava-se da promoção da burocracia stalinista ao *status* de "classe dominante", por vezes muito mais opulenta, eficiente e implacável que a czarista. Porém tal procedimento foi mascarado pela "elevação retórica" da classe operária à dignidade de socialista, enquanto idealização que servia para legitimar a dominação do Partido. Até porque não poderia existir socialista sem *o* Partido, isto é, ser socialista significava assumir o "espírito do partido". Em tempo, o advento do socialismo real é análogo, do ponto de vista de sua "razão cínica", conforme Zizek[10], à Revolução burguesa que ele dizia antagonizar, visto que o fim dos camaradas da *nomenklatura*, tal qual o de seus irmãos-iluministas, foi ser tragado pelo "Grande Terror" da máquina partidária, que sacrificou não só os seus ideólogos, mas, também, os seus ideais, em função da manutenção do poder. Logo, ao invés de "liberdade, igualdade e fraternidade", a "Viúva nacional" (guilhotina); e, ao invés de "a cada um conforme sua necessidade", a depuração ideológica, o expurgo dos "inimigos do povo" e os *Gulags*:

---

9 Raciocínio desenvolvido por Jean-Claude Milner, em *Le périple structural*, e retomado por: ZIZEK, S. *A visão em paralaxe*. São Paulo: Boitempo, 2008, p. 389.

10 ZIZEK, S. *Eles não sabem o que fazem: o sublime objeto da ideologia*. Rio de Janeiro: Jorge Zahar Ed., 1992.

> De qualquer modo, [...] o discurso de Freud e o de Marx não se desenvolvem em absoluto, é claro, no mesmo campo. Já que estamos evocando Lênin não é mau lembrar que a teoria marxista, na medida em que concerne a uma verdade, efetivamente enuncia que a verdade do capitalismo é o proletariado. Isso é verdade, é uma verdade. Só que – e é justamente ai que se evidencia o alcance de nosso comentário sobre a função da verdade – é da consequência revolucionária dessa verdade que parte a teoria marxista. Ela vai um pouquinho mais longe, é claro, já que cria, precisamente, a teoria do capitalismo. Proletariado, que quer dizer isso? Quer dizer que o trabalho é radicalizado no nível da mercadoria pura e simples, o que significa que isso reduz ao mesmo nível o próprio trabalhador. Só que, a partir do momento em que o trabalhador, em virtude da teoria, aprende a se saber como tal, podemos dizer que, com esse passo, ele encontra os caminhos de um estatuto – chamem isso como quiserem – de cientista. Ele já não é proletário *an sich* [em si], por assim dizer, já não é pura e simples verdade, mas é *für sich* [para si], é aquilo a que se chama consciência de classe. E, ao mesmo tempo, pode até se tornar a consciência de classe do partido em que nunca se diz a verdade[11].

Porém, bem mais tarde, o discípulo de Louis Althusser, Roland Barthes e, finalmente, de Jacques Lacan, professor de Linguística em Vincennes (Paris VII), Jean-Claude Milner (1983) chamou-nos a atenção para a substituição dessa "causa", de cuja verdade estaria ausente, por uma crença. Ou seja, para Milner, conforme *Os nomes indistintos*[12], os revolucionários continuam a se omitir quanto à verdade que sustenta a sua causa, apresentando-a como uma crença. Mas, voltando-se a Lacan (1966), este nos disse que a função da verdade como causa foi ali substituída por "uma suposição primária [primitiva] da própria eficácia"[13]. Ou seja, por um enunciado que só se

11 LACAN, J. *O seminário, Livro 16, De um Outro ao outro*. RJ: Jorge Zahar Ed., 2008, p. 169-170.

12 MILNER, J.-C. *Os nomes indistintos*. Rio de Janeiro: Companhia de Freud, 2006.

13 LACAN, J. Resposta a estudantes de filosofia. In: *Outros escritos*. Rio de Janeiro: Jorge Zahar Ed., 2003, p. 215.

garantia no primarismo de "palavras-mestras"[14] produzidas como crença. Daí o célebre enunciado marxista: "a prática é o critério da verdade", isto é, a prática não tem a verdade como causa, mas ao contrário se propõe a ser sua causa material.

E, apesar de a Revolução, dita "Cultural", ter brandido a morte do passado, a persistência da memória[15] nos ensinou que tal enunciado foi levado ao pé da letra pela eugenia das mentalidades, brutalmente encenada na Revolução Chinesa, a partir do pacto de morte entre os "guardas vermelhos" (juventude urbana e escolarizada) e o "grande timoneiro" (Mao), contra os "inimigos do povo", bem como contra as "quatro velharias" (velhas ideias, velha cultura, velhos costumes, velhos hábitos). A opção, característica da primeira fase da revolução 1966-67, foi pela perseguição e pelo assassínio de certas categorias sociais, como os intelectuais, os burocratas e a oposição política dentro do próprio PCC. Tal prática encontrava-se intimamente vinculada à crítica tradicional da divisão entre "trabalho manual" e "trabalho intelectual", enquanto modelo que reproduzia uma concepção hierárquica e iníqua de sociedade, exatamente aquela que deveria ser destruída pelo processo revolucionário comunista.

Enquanto isso, na França, possivelmente em nome da "verdade" que a ação político-revolucionária poderia liberar, Jacques-Alain Miller e,

---

[14] Conforme J.-C. Milner, em *Os nomes indistintos*, a dita "palavra-mestra", quando emanada de uma autoridade que toma a forma imaginária, visa o estabelecimento do Laço social. Assim, a palavra-mestra, enunciada por um professor ou dirigente político, enquanto encarnação apaixonada, cínica ou, por vezes, quimérica, conta somente enquanto garantia de fusão entre referência e realidade, na medida em que desponta como a mais pura e integral expressão da verdade. Mas, curiosamente, apesar dessa "garantia", nenhuma palavra-mestra basta por si mesma, é necessário um suplemento: o engajamento (neurótico) ou a fé (psicótica). Por isso, como arrematou Jacques-Alain Miller, "se há verdade [para a psicanálise], ela não é adequação da palavra e da coisa, ela é interna ao dizer, isto é, à articulação. Nesse sentido, o significante, na medida em que se articula ao significante, comporta que a referência é vazia, e é isso que constitui o simbólico como uma ordem, a ordem simbólica como Lacan a nomeou. É o mesmo movimento que se observa em Freud quando ele passa da sedução factual para a sedução fantasística, do fato à fantasia, da busca de exatidão à escansão da verdade, do inconsciente como saber referencial ao inconsciente como saber textual" (cf. MILLER, J.-A. *Matemas I*. Rio de Janeiro: Jorge Zahar Ed., 1996, p. 194-195).

[15] Cf. MONDAINI, M. Radicalismo e violência no comunismo chinês. In: PINSKI, J.; PINSKI, C. (orgs.). *Faces do fanatismo*. São Paulo: Contexto, 2004, p. 206-226.

certamente, Louis Althusser e Alain Badiou eram tidos como maoístas... Porém, se naquela época o futuro genro de Lacan – filósofo, de formação epistemológica, ligado, na juventude, ao *Cahiers pour l'Analyse* e a seu Círculo de Epistemologia e, posteriormente, psicanalista-membro da Escola Freudiana de Paris – compartilhava dessa mesma crença, atualmente, na condição de um dos mais respeitados herdeiros do legado intelectual de Lacan, não abona mais tal quimera, isso porque vinculou a Vergonha[16] ao acatamento da Castração. Já o filósofo Alain Badiou, membro do Grupo *Theorie* e discípulo inicial de Althusser, apesar de ter dado crédito ao foraclusivo *slogan* de Maio de 68, acabou reconhecendo que o forçamento total do inominável, vale dizer, a *forçage* radical, própria da paixão político-partidária de nomeação total do Real, acaba revelando apenas uma única e iniludível verdade: que o processo revolucionário, quando consumado, se destrói, ou seja, a verdade política, quando radicalmente consumada, se converte em totalitarismo, inclusive, conforme a releitura d'*A visão em paralaxe*, estabelecida por Slavoj Zizek. Aliás, recentemente, o próprio Badiou[17], que sempre se opôs à noção de Ato psicanalítico (como ética do negativo, na medida em que este reconhece a impossibilidade do Governar, bem como a necessidade da travessia da "fantasia ideológica"), admitiu que a última grande explosão revolucionária do século XX tinha uma importância meramente negativa, porque marcava a falência da lógica estatal-partidária no processo revolucionário. Desse ponto de vista, a sua ética do "Evento-Verdade", passionalmente comprometida pelas demandas do "maio de 68"

---

[16] Cf. MILLER, J.-A. Sobre a honra e a vergonha. In: MILLER, J.-A (org). *Ornicar?* Rio de Janeiro, nº 1, Jorge Zahar Ed., 2004.

[17] Ex-simpatizante da esquerda maoísta, o especialista estético e crítico do estruturalismo de Claude Lévi-Strauss, ao escrever: *O conceito de modelo*, terminou também por criticar o Sujeito ($), como categoria do pensamento de Lacan, embora o reduzisse ao binarismo, quando muito, próprio do Lacan do Classicismo. E, apesar de não ter se dado conta de suas outras modalizações, o que determinou a precariedade de seu "ternário" "sujeito da denúncia", Badiou aventurou-se pela psicanálise, abandonando os arroubos maoístas da juventude, senão vejamos: "No fim, a Revolução Cultural, mesmo em seu próprio impasse, confirma a impossibilidade de, verdadeira e globalmente, libertar a política do arcabouço do Estado-partido que a aprisiona" (Cf. BADIOU, A. Conferência realizada na Escola de Pós-Graduação Europeia, em Saas Fee, agosto de 2002, *apud* ZIZEK, S. *A visão em paralaxe*. São Paulo, Boitempo, 2008, p. 430).

francês, esbarraria na Ética da Psicanálise, que seria, em última análise, uma ética da Coisa, vale dizer, do respeito à Castração, que teria um impossível saber como seu limite. Por sua vez, Louis Althusser, malgrado ter, no início, buscado um diálogo[18] com a psicanálise, visível em *Ideologia e aparelhos ideológicos do Estado* – chegando inclusive a afirmar que Lacan estava para Freud assim como ele, Althusser, estava para Marx –, terminaria por romper com este, ainda que substituindo o maoísmo implícito da juventude, que era compatível com o cientificismo estruturalizante do Marx anti-Hegel, pela tragédia pessoal e foraclusiva do assassinato e da autoexclusão.

Retomada pós-68

Conforme a fala do Prof. Antônio Sérgio Mendonça da UFF/UERJ – proferida no contexto do 3º Congresso Brasileiro de Psicanálise, em edição alusiva aos 20 anos do "Maio de 68" – o então diretor de ensino do, hoje lendário, Instituto Jacques Lacan do Colégio Freudiano do Rio de Janeiro nos teria dito que foi Lacan quem permitiu à geração de que ele fez parte "(que viveu 68) se dar conta da saga que, constantemente, passava da melancolia à impotência, pois não se escutou a advertência de que havia a necessidade de intervenção da Mestria, [que acabou] fundada no adversário pela nossa própria histeria"[19]. Isso foi dito pelo conferencista, a exemplo d'*O seminário, Livro 17, O avesso da psicanálise*, em referência a uma nova convocação de Lacan, pelos estudantes franceses, em 1969-70, quando este enfatizou, dentre outras coisas, a necessidade de um resgate da dimensão da Vergonha[20], caso os estudantes quisessem "ter algo a ver com

---

[18] Cf. ALTHUSSER, L. *Escritos sobre psicanálise*: Freud e Lacan. Madri: Siglo Veintiuno Ed., 1996.

[19] MENDONÇA, A. S. Psicanálise, ética e política. In: *III Congresso Brasileiro de Psicanálise d'A Causa Freudiana do Brasil*, 1986, Vitória. Anais do Congresso Brasileiro de Psicanálise d'A Causa Freudiana do Brasil, Edição do Colégio Freudiano de Vitória, 1986, p. 32.

[20] Cabe destacar, a exemplo de J.-A. Miller, que, ao falarmos em uma civilização que tende a abolir a vergonha, estamos falando da vergonha enquanto um afeto primário da relação com o Outro. Esse afeto primário é, sem dúvida, diferente da culpa. A culpa é um efeito que incide sobre o sujeito, a partir de um Outro que julga, portanto de um Outro que porta

a subversão, e mesmo simplesmente com o desenrolar do discurso do mestre"[21]. Portanto, ou os estudantes o escutavam, ou escutavam a "psicanálise oficial", tida como "revisionista", termo equivalente, quando vertido para o campo político, ao agrupamento que se opõe à tomada de poder pela luta armada. Contudo, Lacan esclareceu que a sua abordagem, tida como "revolucionária", da psicanálise, não guardava identidade alguma com as crenças político-revolucionárias, em grande parte maoístas, da juventude universitária francesa.

Por seu turno, Jacques-Alain Miller, já não mais maoísta, retomou a observação de Lacan sobre o banimento da Vergonha, em seu texto "A honra e a vergonha", conforme Revista *Ornicar?*, nº 1, indo de Jacques Lacan a Lewis Carol, para nos alertar sobre um dos efeitos da ausência da Honra legiferante: a Impudência. A juízo de Miller, os contestadores, quer histéricos e/ou foraclusivos e, por vezes, contraculturais, estariam articulados sob o signo da impudência. Assim, ao jogar o jogo das impossibilidades, seja pela via anti-institucional do Governar, seja pela apologia consumista do sexo e das drogas, o *outsider*, como todo impudente, torna-se parceiro-cúmplice do sistema que diz combater. Até porque a juventude revolucionária maoísta, identificada até a medula com o repressivismo que pretendia combater, parecia escotomizar o fato de que aplaudia um dos regimes mais genocidas de que a história tem notícia, visto que ele foi responsável pelo assassínio de cerca um milhão de pessoas, entre 1966-1968, ou seja, somente no período "anômico" da dita Revolução Cultural Chinesa. Desse morticínio, que a militância francesa conotava ora como ato de "justiça popular"[22] ora como "loucura criativa"[23], emergiu um controle completo, pelo PCC, dos

valores que o sujeito teria transgredido. A vergonha tem relação com o Outro anterior ao Outro que julga, um Outro primordial que não julga, apenas vê ou dá a ver.

21 LACAN, J. *O seminário, Livro 17, O avesso da psicanálise*. Rio de Janeiro: Jorge Zahar Ed., 1992, p. 180.

22 Confrontar a crítica de Michel Foucault à defesa da violência, por parte da militância maoísta, estabelecida em: "Sobre a justiça popular", in: FOUCAULT, M. *Microfísica do poder*. Rio de Janeiro: Graal, 1979.

23 Hannah Arendt denunciou, não sem ironia, em seu ensaio *Sobre a violência*, o caráter apolítico e antissocial da glorificação da violência por parte dos estudantes, destacando a concordância de Sartre com o argumento de que é pela violência que o homem se recria, conforme o seu

aparelhos de segurança, em nome de um projeto dito igualitário e antielitista, na verdade uma gigantesca manipulação do sistema, travestida de movimento de massa, que condenou o povo a conviver com o terrorismo de Estado, acobertado e incentivado por uma parcela das mesmas elites que eram aparentemente combatidas pelo Exército Vermelho:

> E não foi decretada pelo próprio Mao essa substituição hegelo-chestertoniana da transgressão criminosa da lei e da ordem pela própria lei e pela própria ordem como as mais altas transgressões criminosas? Essa é a razão pela qual, enquanto acionava e secretamente movia os cordéis do carnaval autodestrutivo, Mao, apesar disso, permaneceu isento dos efeitos de sua turbulência: [...] Mao não era o Amo tradicional, mas o "Senhor do Desgoverno". [...] O problema de Mao foi justamente a falta de "negação da negação", o fracasso das tentativas de transpor a negatividade revolucionária em nova ordem verdadeiramente positiva. [...] Isso significa que o problema com as tentativas revolucionárias até agora não é que elas tenham sido "demasiado extremadas", mas que não foram *suficientemente radicais*, que não questionaram seus próprios pressupostos"[24].

---

prefácio ao livro de Frantz Fanon (1961) intitulado: *The Wretched of the Earth*, inspirador da retórica da esquerda maoísta, apesar de esse raciocínio ser algo totalmente estranho à tradição intelectual do "idealismo" hegeliano, no qual o homem "produz-se" pelo pensamento, ou mesmo do materialismo de Marx, no qual a recriação do homem se daria pelo trabalho: "Sartre, com sua grande felicidade no uso das palavras, deu expressão à nova fé. "A violência", acredita ele agora, a partir da veemência do livro de Fanon "como a lança de Aquiles, pode regenerar as feridas que ela infligiu. Se isso fosse verdade, a vingança seria o melhor remédio para muitos de nossos males" (cf. ARENDT, H. *Sobre a violência.* Rio de Janeiro: Civilização Brasileira, 2009, p. 36).

[24] Cf. apresentação de Slavoj Zizek aos escritos de Mao Tsé-Tung, que foram, durante os anos 60 e 70, meramente apresentados como uma leitura maoísta da dialética hegeliana intitulada: *Sobre a prática e a co*ntradição. Rio de Janeiro: Jorge Zahar Ed., 2008, p. 29-30, 33. Obs.: ao que parece, Zizek adota aqui um ponto de vista semelhante ao esboçado por Lacan, quando de sua introdução "Sobre O Balcão de Genet" (conforme: *A Transmissão*, Porto Alegre, ano 4 nº. 5, p. 12-33, 15, 1996), em que ele afirmou que a elite, seja ela revolucionária, ou não, "sabe que a revolução é, nesse sentido, um jogo de cenas dramáticas". Com efeito, o bordel, n'*O Balcão*, "não é outra coisa a não ser aquilo que chamamos de uma *casa de ilusões*", mero manancial das formas imaginárias de sobrevivência ou ilusão, que se produzem na fusão irônica entre Ideal-de-Ego e *moi*, logo Ideal-do-Meu (equivalente conceitual do ego-ideal), para expressar o atual "estado, mais ou menos avançado, de degradação da cultura",

Mas, na França, apesar e/ou por causa desse tipo de equivoco, a juventude universitária francesa, que era anti-institucional, anti-PCF, anti-humanista (pois via nessa mentalidade um traço conservante do enciclopedismo e da burguesia), não pode escutar a advertência de Lacan de que a falta de verdade como causa os levaria a inventar, por denegação, um mestre no campo do adversário. Então, diante da relação transferencial com a verdade, os contestadores optaram pelo culto à personalidade do Outro-ideológico, conforme invectivara Octave Mannoni[25], tornando-se coniventes com a alegação de que "o poder brota do cano de uma arma" (*by* Mao Tse-Tung); já diante da necessidade de intervenção da mestria, os estudantes fundaram um mestre no campo do oponente, ainda que, por vezes, de forma preferencial e histericamente difamatória. Ou seja, a mestria não surgiu do lado do "poder jovem", mas sim do lado do oponente que, ao cooptar o apoio da católica classe média francesa, produziu um significante novo, o famoso *point de capiton*, que fez cessar a irrupção. Porém o mestre não foi, como pensavam os contestadores políticos, o general Charles de Gaulle, mas, muito provavelmente, seu conselheiro, epistemólogo russo, ex-mestre de Lacan e de sua geração, sucessor de Koyré – que, aliás, já fora conselheiro da França livre – no ensinamento da fenomenologia alemã do jovem Hegel: Alexandre Kojève.

Lacan, contudo, aproveitou-se e participou de alguns efeitos desse movimento de desburocratização da Universidade, criando o Departamento de Psicanálise em Vincennes. Ali ele não formava analistas, mas transmitia os saberes conectivos indispensáveis à formação em Psicanálise. Assim, na contramão da flexibilização universitária, reivindicada por aqueles que se pretendiam "fora-do-sistema", Lacan foi o responsável por um ensino

visto que as revoluções "tendem a produzir a fraternidade perversa no lugar pretendido de liberdade, enquanto desejo do fantasma romântico", como arrematou A. S. Mendonça (cf. MENDONÇA, A. S. Genet, a comédia e a perversão. *A Transmissão*, Porto Alegre, ano 5, nº 6 p. 106, 1997).

25 Cf. MANNONI, O. *Chaves para o imaginário*. Petrópolis: Vozes, 1973. Obs.: todas as mentalidades e ideologias de época, por não vislumbrarem um Outro-simbólico, como acéfalo, no lugar da Lei, constituem versões imaginárias desse Outro, que estabeleceram, por vezes, laço com a perversão social, em nome da manutenção das mais variadas visões de poder: econômico, político, social, moral, etc.

formal e doutrinário (não-eclético), apesar da condescendência com o público-alvo, por vezes apartado do ensino formal, conforme estabelecido no texto: "Talvez em Vincennes". Portanto, Lacan conclui em 1975 a sua "Resposta a estudantes de filosofia", de 1966, definindo a antifilosofia como "a investigação do que o discurso universitário deve à suposição 'educativa' [e do governar]"[26].

Porém, antes disso, como dissemos, n'*O seminário, Livro 17, O avesso da psicanálise*, Lacan retoma os temas pertinentes a "ma(i)o de 68", colocando, inclusive, na capa do referido seminário a fotografia do líder estudantil Daniel Cohn-Bendit, zombando da militarização do poder constituído. O mesmo que, mais tarde, dito socialdemocrata como Mitterrand, nos diria: "não podemos paralisar a história em 1968". Mas foi no capítulo II do seminário citado, em explícita referência a Hegel e implícita a Kojève, aspecto que se articula, possivelmente, à razão de Daniel Cohn-Bendit figurar na capa, que Lacan irá nos fornecer sua interpretação dos acontecimentos de Maio, não por analisar a suposta motivação de alguém, pois isso seria "interpretose", mas por inferir a relação entre os estudantes e seus oponentes. Assim, ao intitular o capítulo II de "O mestre e a histérica", Lacan elucida a relação entre os contestadores[27] e o poder constituído, nos indicando que a histeria rivalizante dos primeiros teria fundado um mestre justamente no campo do adversário. Mas seria no capítulo VI, intitulado "O mestre castrado"[28], que Lacan iria propor a superação do impasse antes qualificado pelo reconhecimento de que "há um impossível saber sobre o gozo

---

[26] LACAN, J. Talvez em Vincennes. In: *Outros escritos*. Rio de Janeiro: Jorge Zahar Ed., 2003, p. 318.

[27] Quando a palavra de ordem é "proibido proibir", isso expressa a confusão entre repressão (efeito comportamental) e Recalque (procedimento simbólico-estrutural), apontando para a foraclusão dos dois procedimentos, na Psicose. Porém, quando simplesmente se anseia histericamente por um Mestre isso não é Psicose. Teríamos, então, duas opções: requisição da impotência ou da foraclusão. Os que querem um mestre e o inventam, pela revolta estudantil, ainda que no campo do adversário, são histéricos, mas os que se confinaram melancolicamente nas comunidades alternativas de Ardèche e Cevenas, sob a obrigação do "proibido proibir", ou se imolaram pela causa política radical, são provavelmente foraclusivos.

[28] O mestre castrado é aquele que, ao contrário dos ascetas do (anti)Governar e do Educar, inclusive em sua derivação tardia, o Cientificizar, se dá conta de que de há Castração, ou seja, de que não existe saber possível sobre o Gozo.

(Castração)", ao contrário de certa visão política de mundo, que prometeu um saber absoluto, através do pensamento radical, pela via da falsa "paixão do Real", ao recortar o social pelo delirante; capítulo que é complementado pelo seguinte, onde Lacan formula sua teoria do *Le Père Sévère* (Pai Perseverante), em que a simbolização do "pai-morto" é fruto do recalque do assassínio do freudiano e Real "Pai da horda primeva", antecipado em "Totem e tabu". Procedimento avesso ao: "seja realista, peça o impossível!". Isto é, seja realista, não recalque o Real. O que significa: foraclua o que não for Real. Assim teríamos: seja realista, permita o impossível (Real). Então, para permitir o impossível – desse ponto de vista libertário, que supõe recompor tudo em fluxos desejistas (sem a função simbólica), bem ao estilo do *Anti-Édipo* deleuziano – é preciso fazer viver o Pai-Real e rechaçar (matar) o Pai-Simbólico. Já no *Le Père Sévère* lacaniano tem-se que assassinar o Pai-da-Horda, no Real, para proibir o assassinato no Simbólico, já que o "pai morto", ao retornar como Pai-Simbólico, traz consigo a proibição manifesta do incesto e latente de todas as formas de homicídio, através da condenação do parricídio.

Nesse sentido, se Lacan, em 1938, já havia destacado os efeitos desagregadores, no âmbito do laço social, tanto da concentração econômica, como das catástrofes políticas, por sublinhar a "decadência social da imago paterna"[29], no último capítulo do *Seminário 17*, intitulado "O poder dos impossíveis", Lacan nos chama a atenção para o fato de que os contestadores estariam cooperando, sem saber, com a reconfiguração de uma nova ordem econômica, que se tornaria, em termos de mentalidade, um discurso hegemônico. Numa economia que, a juízo de Lacan, já se "planetarizava" (globalizava), a velha fórmula de Weber, ainda que revisada pelo historiador inglês Tawney, mostrava-se caduca, porque aquilo que se chamava de "sistema capitalista" não mais se identificava por um certo estilo puritano, mas sim permissivo, pois naquele momento, já em nome do discurso alucinatório da psicose, era "proibido proibir". Por isso Lacan chama a atenção dos estudantes para o fato de que o desaparecimento da Vergonha instauraria, na cultura,

[29] LACAN, J. Os complexos familiares. In: *Outros escritos*. Rio de Janeiro: Jorge Zahar Editor, 2003, p. 67.

o princípio da sobrevivência: o *primum vivere,* enquanto valor supremo. Nesse embate com a civilização que estava dissolvendo a Vergonha, pela via do utilitarismo, da "americanização" e da globalização, ou seja, em nome de tudo aquilo que Kojève articulou sob o reinado do "burguês-cristão", Lacan quis pôr em evidência a importância de uma insígnia virilizante, com valor sintomático de transcendência: o Significante-Mestre (S^1). Esse significante "que não tem preço" tornaria a vida "digna de ser vivida", justamente por ser algo pelo qual o sujeito arriscaria a própria vida[30]. Lacan assim se expressou, a partir da referência à *Fenomenologia do Espírito* de Hegel, para dizer que

[30] Como se pode ver, no *Seminário 17,* Lacan já articula a Vergonha ática, a Honra legiferante e o significante do Nome-do-Pai, através da metáfora de Vatel, aquele que foi condenado ao buraco do fracasso, pois a desonra de seu Senhor foi a sua própria desonra. Assim, a quem possa novamente interessar, a história de François Vatel ficou conhecida através da *Correspondência* de Mme. Sévigné, a avó de Proust. Vatel era o que se conhecia como um *Maître-d'hôtel* (de fato, um mestre na arte dos banquetes, das cerimônias e dos espetáculos), que passou a prestar seus serviços, em abril de 1671, ao príncipe de Condé que, por sua vez, pretendia cair nas boas graças do rei da França (Luís XIV). Em função disso, Condé convida toda a corte para passar três dias em seu castelo, ficando o serviço a cargo de Vatel. De acordo com o relato de Mme. Sévigné, Vatel fica indormido durante doze noites consecutivas, ao que se acrescenta, dizem, uma decepção amorosa. Para completar seu infortúnio, das doze cargas de pescados e frutos do mar encomendadas por Vatel, apenas duas teriam chegado, condenando a festa ao retumbante fracasso. Vatel foi responsabilizado, pelo príncipe de Condé, pelo malogro desta que seria uma festa em homenagem ao rei. Então, como a desonra de seu Senhor era, também, a sua desonra, Vatel se suicida, morre literalmente de Vergonha. Porém, mesmo que Vatel tenha aparentemente fracassado, como histérica, para fundar um pequeno-mestre (Condé), não quer dizer que ele tenha fracassado no percurso, pela via da Vergonha (como um Mestre castrado), que funda o S^1. Ou seja, Vatel, apesar de seus excessos, torna-se a metáfora de um Mestre, enquanto aquele que mantém a legiferância afinada com a Honra e a Vergonha. O que é muito diferente de nossa sociedade dita pós-moderna, na qual a dimensão trágica e/ou histórica da façanha do herói se reduz ao "bom-mocismo" midiático e/ou às motivações mais vis, pois a única forma de se sacrificar é pelo humanitarismo de encomenda, próprio do "discurso piedoso", ou pela demagogia, ao contrário de Vatel, que se sacrificou em nome da dignidade do S^1, do Significante-Mestre. Ou seja, Vatel não se reduzia à figura do criado/serviçal por egoica imposição externa, mas era, antes de tudo, um "mestre de ofício de banquetes", o que nos remete ao pensamento do "jovem" Hegel de Jena e não à moral cristã, seja ela a de Pascal, seja a de Kant. Malgrado isso, conforme Hegel, como a modernidade já havia universalizado o ponto de vista do criado, nós podemos retomar, pós-modernamente, com Zizek (2008), o famoso provérbio francês: "não há heróis para o criado de quarto", não porque o herói não seja herói, mas porque o criado de quarto é apenas um criado de quarto, isto é, ele só percebe no herói suas características demasiadamente humanas.

na sua época a nobreza (consciência nobre) estava destinada a ser superada pela vilania (consciência vil), pela baixeza, no nível da ignomínia, da qual estariam comungando os desavergonhados espíritos *engagés*, que seriam, doravante, rotulados com significantes contábeis[31], os quais, a partir da lógica do custo-benefício, apagariam a singularidade do Significante-Mestre. Em função desse impasse ético, Lacan ratificou[32] o eclipsamento do olhar do Outro, como produtor da vergonha, conotada, por sua vez, como o "buraco de onde brota o significante-mestre"[33]. Assim, apesar de o Outro que poderia olhar, a ponto de provocar Vergonha, estar-se dissipando, Lacan não hesitou em equivocar os estudantes, pois, a seu juízo, o impudente não passaria de mera personagem da unidade contábil. Senão vejamos: "os primeiros a colaborarem com isso, aqui mesmo em Vincennes, são vocês, pois desempenham a função de hilotas desse regime. [...] O regime o mostra para vocês. Ele diz – *vejam como gozam*"[34].

Nesses termos, Lacan deu curso a seu diálogo, implícito, com o mal-estar na civilização que lhe era contemporânea, para denunciar a degradação da cultura, via metáfora do banimento da Vergonha (termo que significa

---

31 Lamentavelmente, diante da republicana *loft story* do patrimonialismo brasileiro, que sempre gozou e, cada vez mais, goza com a e da *res-pública*, somos levados a reconhecer que o *pathos* contestatório de época acabou por trair seus próprios ideais. Mais ainda, a razão cínica foi aquilo que prevaleceu diante da autoral tentativa de reanimar o olhar do Outro, pois o olhar solicitado hoje, ao se manipular a realidade, já que quase todo o argumento oficial e/ou político-partidário se coaduna com a impostura dos simulacros midiáticos, dos *reality shows* e dos impudentes "jogos de cena", próprios do espírito corporativista, não passa de um olhar totalmente alijado de seu antigo poder de provocar a Vergonha. Por isso, malgrado o nostálgico apelo à sobrevida do ideal ciceroniano do bem comum – conforme o *revival* do Sr. Z. Ventura, a dissimular o estado de servidão generalizada ao princípio da acumulação capitalista –, "não há nada eticamente mais asqueroso do que as Belas Almas revolucionárias que se recusam a reconhecer, na Cruz do presente pós-revolucionário, a verdade de seus próprios sonhos floridos de liberdade" (cf. ZIZEK, S. A *visão em paralaxe*. São Paulo: Boitempo, 2008, p. 16).

32 Em face dessa "tele-visão" do futuro – que Lacan já havia antecipado na seção XIII d'*A ética da psicanálise*, conforme "A morte [do olhar] de Deus" –, ele pode reconhecer porque Pascal e Kant se agitavam, tal qual dois serviçais, na iminência de fazer o que fez Vatel em relação à vergonha de viver.

33 LACAN, J. *O seminário, Livro 17, O avesso da psicanálise*. Rio de Janeiro: Jorge Zahar Ed., 1992, p. 180.

34 Ibidem, p. 197.

respeito pela Castração), cuja ausência estaria ligada a um sistema que propõe a morte do olhar do Outro. Por sua vez, a decretação da morte do Outro tornaria o sujeito anônimo, já que, até pouco tempo atrás, as identificações subjetivantes eram garantidas no e pelo olhar desse Grande Outro. Então, esse anonimato do sujeito dispensaria toda e qualquer referência à Alteridade, enquanto limitação ética, para compatibilizar-se apenas com a impudência, desde que submetida ao utilitarismo dos mercados comuns e à lógica da Acumulação. Mentalidade sobrevivencialista que, por atravessar atualmente tanto o modo de ser da direita quanto da esquerda, foi articulada, posteriormente, sob o primado do Discurso do Capitalista – aquele que brande pela "foraclusão da Castração" –, à impostura do Governar, naquele momento tomada por seu avesso, ou seja, os contestadores contraculturais reivindicavam ali o anárquico princípio do antigovernar, na ilusão de fusão entre atividade crítica e princípio do prazer:

> Neste caso, o lema de 68, "*Soyons realistes, demandons l'impossible*", adquire um significado novo e cínico que talvez revele a verdade [não-toda]: "Sejamos realistas: nós, acadêmicos da esquerda, queremos parecer críticos, apesar de usufruirmos de todos os privilégios que o sistema nos oferece. Vamos então bombardeá-lo com exigências impossíveis: sabemos que essas exigências não serão atendidas, e ficaremos seguros de que nada vai realmente mudar, e manteremos nosso *status* privilegiado![35].

De fato, parte da geração de 68, que pretendia colocar a "imaginação no poder", começou por compactuar com a abolição da Vergonha, ao se pautar na ilusão desse "sublime objeto ideológico", o que mormente aguçou o autoritarismo, ainda que pela via do pensamento radical. Ou seja, a mentalidade que glorificava o uso da força como ato de protesto foi sendo implementada, por ação de uma minoria, que optou pela luta armada, o que catalisou e serviu para "justificar" um rebote ainda mais lamentável: o terrorismo de Estado, inclusive, conforme o vergonhoso passado político-militar da América Latina. De qualquer forma, a posição de "fora do sistema"

[35] ZIZEK, S. *Bem-vindo ao deserto do Real!* São Paulo: Boitempo, 2003, p. 80.

reivindicada pelo contestador anti-institucional precipitou-o, na condição de impudente, à convocação e à constatação de um mundo sem-vergonha. Sabendo ou não, o espírito alternativo de época, no afã de encontrar um novo modelo de mundo, capaz de superar o capitalismo, a massificação e a burocratização, não foi realista, pois pediu a supressão de todas as impossibilidades, na suposição de adequar integralmente o Princípio do Prazer à satisfação pessoal e à realidade social.

Tal equívoco produziu um efeito de "desagregação simbólica" que foi transmitido geracionalmente, já que a intervenção legiferante e amorosa, irradiada dos lugares afetos à Metáfora Paterna, que poderia limitar a expansão do gozo erotômano – cristalizado, por exemplo, no imperativo do sexo livre (inscrito ora na homeomorfia de imaginária mentalidade, ora no anonimato "alternativo" da melhor tradição sadiana do "faça o que quiseres, há de ser tudo da lei..." *by* Coelho & Seixas) e/ou no "apetite" foraclusivo pelas drogas –, não podia mais ser escutada porque era conotada como "repressivista", isto é, tomada, imaginariamente, como efeito do "careta" e "reacionário" paradigma socioantropológico de família a ser abolido. E, como o Desejo somente pode comparecer pela falta-a-ser, vale dizer, pela ação limitante da Lei-do-Pai, enquanto Não-do-Pai e estando o "pai imaginário" daquele período atrelado à imagem do autoritarismo, o Desejo não era mais reconhecido, levando as pessoas a cultuarem perigosamente o Princípio do Prazer, sem a concorrência limitante da realidade psíquica, vale dizer, do Princípio da Realidade. Assim, a dinâmica das identificações simbólicas com o Outro, no lugar da Lei, passa a ser inviabilizada em função do culto "prazenteiro" e mercadológico ao delírio e/ou a sua reinscrição, aposta na lógica da acumulação, sob a fina estampa *yuppie*. Restará, portanto, ao sujeito assim deposto pender ou ao lugar de excluído, ainda que tenha acesso a um modo de consumo desenfreado (cúmplice do gozo a qualquer preço) – porém em desacordo com os parâmetros egoicos, próprios da discreta estética dos vencedores – ou ocupar o lugar de serviçal, de "criado de quarto" na acepção literária de Bertold Brecht, um sujeito totalmente subserviente aos ditames do Discurso do Capitalista, conforme *O Sr. Puntilla e seu criado Matt*.

Assim, já no início dos anos 70, o capitalismo se rearticulava através de uma série diversa de procedimentos articulados, posteriormente, sob o signo da globalização: desideologização, informatização, automação, flexibilização das relações de trabalho, desregulamentação dos mercados, financeirização, esteticização mercadológica da mídia, desburocratização, etc., para se configurar como um discurso hegemônico que iria não somente foracluir a Vergonha, mas abduzir todos os modos de gozo existentes, ao contrário da ética protestante, que reservava o lugar de excluído ao "sujeito do prazer". Ou seja, o Discurso do Capitalista seria uma mentalidade que submeteria toda a realidade humana, inclusive emocional e pensante, ao gozo com a Acumulação. Esse último situar-se-ia, a juízo de Lacan (1973-1974), unicamente a partir do pequeno outro, vale dizer, do objeto *a*, como um mais-gozar (*Mehr-Lust*). Obviamente, não se trata de acumular somente riqueza, já que determinados grupos políticos, por isso, também, acumulam poder, ainda que por meio de um discurso dito revolucionário, de estilo *outsider* (vide o clã dos Castro em Cuba). Enredados nesse mesmo discurso homogeneizador estariam: a tropicalista e/ou engajada esquerda nacionalista, isso do lado de baixo do Equador, assim como a psicodélica fusão entre contraculturalismo e Nova Esquerda, *made in USA*, bem como, além-mar, a maoista e anti-institucional juventude europeia, pois cada uma a seu modo promulgava a expansão ilimitada do princípio do prazer, sob o manto diáfano da atividade crítica. Isso porque acalentavam, passional e/ou cinicamente, a ideia de que o princípio psicótico da abolição da moral franqueasse, a exemplo da suposição de Prometeu, o suposto acesso ao Real propriamente dito, pois esperavam manter vivo o sopro político de uma "nova ordem", ancorada na confusão entre repressão e Recalque, apostando, pela via do avesso, na ilusão paranoica do Governar. Por isso retomamos a conclusão do trabalho de A. S. Mendonça: sobre "... alguns dos ecos (impudentes) pós-68":

> neste momento [pós-revolucionário], já sem álibis, estará banalizada a agressividade, abolida a autoria, suprimida a honra [legiferante], banida a Vergonha [ática] e cultuada a acumulação como um "mais-gozar". Talvez, por essa razão, Lacan tenha dito, aplicando ali o valor de joyceana autoria sinthomática ao termo empregado: "contra o capitalismo, só mesmo a santidade [(Sublimação), ao referir-se ao Discurso do Capitalista]"[36].

---

[36] MENDONÇA, A. S. A honra, a vergonha e a autoria e/ou alguns dos ecos (impudentes) pós-68, *Revista Rio Total*, Opinião Acadêmica, nº 588, Rio de Janeiro, 2008, p. 6. Disponível em: <www.riototal.com.br/coojornal/antoniosergio033.htm>. Acesso em: 05 jul. 2008.

Nota: o desgarramento da verdade "rumo à estação Finlândia".

Já que o diálogo que Lacan estabeleceu, em função dos acontecimentos de 68 foi com a Filosofia, seria pertinente destacar, como fio condutor de tal raciocínio, a leitura de Hannah Arendt sobre a ruptura que a teoria marxista realizou em relação à autoridade da tradição filosófica que a precedeu, cotejado pelas observações de Lacan a respeito do conceito de verdade, em suas relações com o Real, conforme estabelecido em "Televisão". Nessa entrevista Lacan referiu sempre dizer a verdade, ainda que não-toda, porque "dizê-la toda é impossível, materialmente: faltam as palavras. É por esse impossível, inclusive, que a verdade tem a ver com o real"[37]. Ou seja, entre a Verdade e o Real há o impossível, que faz limite, ainda que através do estabelecimento de um encontro faltoso, pela "indigência" da linguagem, nos indicando que o Real ex-siste, dado o efeito de aturdimento que produz no falante. E, assim como a verdade possui buracos, aquilo que chamamos de "realidade" nunca é algo imediato, apenas mediatizável por uma ficção simbólica, que é a sua condição de existência, sempre falha e incompleta, pela invenção (*Erfindung*) de um saber em torno do vazio do Real. Por isso, como retomou J.-A. Miller (2009), Lacan concebeu o dizer, justamente, a partir do impossível de dizer. Sendo Deus esse "significante" impossível, a partir do qual Lacan (1974) organizou o princípio da linguagem, enquanto condição da não-relação sexual, conforme *O seminário, Livro 22, RSI*:

> O que Freud nos oferece em relação ao grande Outro é o seguinte: que só há grande Outro se o dizemos, mas é impossível dizê-lo todo. Há um *urverdrängt*, um inconsciente irredutível e dizê-lo não apenas se define como

[37] Por essa mesma razão, ainda em "Televisão", Lacan situou, a exemplo de Pablo Picasso, a verdade, o artifício, isto é, a arte (como ficção), no mesmo campo semântico, ao dizer que "o mito é [...] a tentativa de dar forma épica ao que se opera pela estrutura" (In: *Outros escritos*. Rio de Janeiro: Jorge Zahar Ed., 2003, p. 508, 531). Até porque tudo aquilo que é simbolizado, isto é, vertido pela linguagem, em favor da realidade psíquica, produz um efeito de ficção, uma mentira necessária para que possamos compreender a verdade. Nesse sentido, a linguagem realizaria a inexistência daquilo de que se fala, na medida em que Lacan já nos teria ensinado, em sua *Ética da psicanálise*, que a palavra é a morte da Coisa, bem como da(s) coisa(s), ponto no qual parece concordar, pelo menos lateralmente, com o Foucault de *As palavras e as coisas*.

impossível, mas introduz como tal a categoria do impossível. [...] a religião diz que Deus ex-siste, que é a ex-sistência por excelência, resumindo, que é recalcamento (*le refoulement*) em pessoa. É inclusive a pessoa-suposta-recalcamento. É nisto que a religião é verdadeira. Deus não é nada mais do que o que faz com que, a partir da linguagem, não poderiam estabelecer-se relações entre sexuados. [...] A linguagem não é pois um simples tampão, mas é aquilo onde se inscreve a não-relação sexual e isso é tudo que podemos dizer dela. Deus, ele, não está na linguagem, mas suporta o conjunto dos efeitos da linguagem, compreendendo neles os efeitos psicanalíticos, o que não é dizer pouco[38].

O que, obviamente, não impede que um saber – quando inscrito em um discurso evolucionista (político e/ou econômico), que visa o estabelecimento do laço – assuma os mais variados sentidos, cujos efeitos são impossíveis de serem calculados. Em todo caso, os efeitos de sentido, plasmados na articulação entre Simbólico e Imaginário, nada mais são que "verdades mentirosas", face ao Real que, por sua vez, é marcado pela exclusão absoluta de todo sentido. Mais, ainda, se a verdade sempre fracassa, ao tentar dar conta do Real, pelo Sentido, também, "o gozo é um limite. [...] o gozo só se interpela, só se evoca, só se saprema, só se elabora a partir de um semblante, de uma aparência"[39]. Por isso, na década de 70, Lacan chamou de "verdade primeira" o reconhecimento de que há um "impossível saber sobre o gozo" (Castração). Então, quanto à verdade, pode-se, apenas, meio-dizê-la, ao acaso: pelo engano, pelo chiste, pelo ato falho, pelo sonho, pelo sintoma (enquanto uma formação do Ics simbólico), ou pelo Sintoma Social, conforme a acepção introduzida, no século XIX, por Marx, em que a verdade emana, no nível da exceção, das anomalias, das contradições e antagonismos do próprio sistema social: as revoluções, as depurações ideológicas, as guerras e as catástrofes políticas seriam as brechas por onde transparece a verdade do sistema. Isso sem esquecer do sinthoma, que articula, por emenda, o sujeito à nomeação de seu gozo particularizado, que seria

[38] LACAN, J. O seminário, Livro 22, R.S.I. *Maisum*: boletim periódico do Colégio Freudiano do Rio de Janeiro, ano 4, nº 39, 1983, p. 186.

[39] LACAN, J. *O seminário, Livro 20, Mais, ainda*. Rio de Janeiro: Jorge Zahar Ed., 1985, p. 124.

o outro nome dado ao mal-estar singular. Assim, do conceito de verdade não-toda decorre a afirmativa de Lacan não só de não haver metalinguagem política, mas de não haver metalinguagem alguma, conforme *O seminário, Livro 17, O avesso da psicanálise*. Até por não haver "Outro do Outro para operar o Juízo Final"[40].

Isso sem falar da preliminar advertência antipedagógica de Freud sobre o Educar (proponente de modelos de homem), ao qual ele acrescentou a impossibilidade de uma *Weltanschauung* (visão de mundo) política, em face da megalomania do Governar (proponente de modelos de sociedade), que insistem em recortar o social pelo delirante. Mais tarde, em face do aludido poder das ilusões, Lacan[41] aditaria o cientificizar (que irá propor modelos ideais de universo biofísico) ao seleto clube das impossibilidades freudianas, conforme *O triunfo da religião*. Porém, antecipando-se às considerações de J.-C. Milner[42], o próprio mestre de Viena pressentiu (assim como Weber ao advertir o seu, então, discípulo Lukács) uma sinistra "vocação" de certa visão política de mundo para a fundamentalização, na medida em que o bolchevismo já conspirava para transformar o pensamento de Karl Marx em uma *Weltanschauung* religiosa:

> A recente descoberta da importância extraordinária das relações econômicas trouxe consigo a tentação de não deixar que as alterações nelas ficassem entregues ao curso do desenvolvimento histórico, mas sim de pô-las em execução pela ação revolucionária. O marxismo teórico, tal como foi concebido no bolchevismo russo, adquiriu a energia e o caráter autossuficiente de uma

---

[40] Idem. *O seminário, Livro 23, O sinthoma*. Rio de Janeiro: Jorge Zahar Ed., 2007, p. 59.

[41] Já Freud (1932) admitiu uma certa compatibilidade entre a episteme da *Weltanschauung* científica (cujo modelo, conforme a lição de Koyré, remete ao clássico saber teórico-experimental do quinhentismo, que se legitimou no "século do talento") e a psicanálise, por ela funcionar de forma análoga à acefalia pulsional, isto é, não possuir conteúdo valorativo *a priori*, nem *a posteriori*, apesar de se mostrar critico em relação à exclusão que uma visão cientificista poderia operar sobre as questões do psiquismo, ou seja, sobre o registro do Ics, sem falar de seu mal-estar em relação ao idealismo científico, que sequer considerava o estudo dos efeitos da arte, dos sistemas de magia e de religião, bem como de filosofia, na vida anímica da humanidade.

[42] Cf. MILNER, J.-C. *Os nomes indistintos*. Rio de Janeiro: Companhia de Freud, 2006.

> *Weltanschauung*; contudo, adquiriu, ao mesmo tempo, uma sinistra semelhança com aquilo contra o que está lutando. Embora sendo originalmente uma parcela da ciência, e construído, em sua implementação, sobre a ciência e a tecnologia, criou uma proibição para o pensamento que é exatamente tão intolerante como o era a religião, no passado. Qualquer exame crítico do marxismo está proibido, dúvidas referentes à sua correção são punidas, do mesmo modo que uma heresia, em outras épocas, era punida pela Igreja Católica. [...] Embora o marxismo prático tenha varrido impiedosamente todos os sistemas idealísticos e as ilusões, ele próprio desenvolveu ilusões que não são menos questionáveis [...]. Ele espera, no curso de algumas gerações, de tal modo alterar a natureza humana que as pessoas viverão juntas quase sem atrito na nova ordem da sociedade e que elas assumirão as tarefas do trabalho sem qualquer coerção. Nesse meio-tempo ele muda para outro setor as restrições pulsionais que são inerentes à sociedade; desvia para o exterior as tendências agressivas que ameaçam todas as comunidades humanas e apoia-se na hostilidade do pobre contra o rico e na hostilidade daquele que até então esteve impotente contra os governantes anteriores. Mas uma transformação da natureza humana, como esta que pretende, é altamente improvável[43].

Todavia, gostaríamos de lembrar que Marx, conforme apontou Hannah Arendt em seu *A promessa da política*[44], foi o primeiro a supor romper com a autoridade – tomada como anterioridade transmissiva da referência simbólica, capaz de sustentar o discurso humano, a exemplo do acéfalo lugar do Grande Outro lacaniano, no lugar ex-sistente da Coisa – que remonta à tradição do pensamento filosófico, de posterior desdobramento político, inaugurado pela escola socrático-platônica. Por isso, o Lacan dos *Escritos* localizou a condição de possibilidade da História na vigência do discurso do Outro. Porém, antes disso, a tradição filosófica já reconhecia o *Thaumadzein*, o "mudo espanto", que a psicanálise de Lacan chamou de Aturdimento, enquanto efeito do encontro faltoso com o Real (*Tiquê*),

---

43 FREUD, S. A questão de uma Weltanschauung (1932). *Obras Completas*. Vol. XXII. Rio de Janeiro: Imago Ed., 1996, p. 175.

44 ARENDT, H. *A promessa da política*. Rio de Janeiro: Difel, 2009.

como o estatuto de fundação da própria Filosofia (uma *episteme* dominada pelo jogo do significante), que, como todo o discurso de semblante, tem estrutura de ficção. O *Thaumadzein*, esse encontro faltoso com o Real (momento de aturdimento, em que faltam as palavras ao filósofo), fez com que Sócrates, via Platão, aceitasse o fato de que a "Verdade Absoluta" não era para os mortais. Já radicalmente diferente, a *doxadzein*, uma opinião qualquer sobre algo, teria como característica mais reveladora, no âmbito de um Simbólico dominado pelo Imaginário, a fixação imaginária de sentido, com vistas a suturar/dissimular a sua origem verdadeiramente irrepresentável: o Real. Em função do desenvolvimento dessa certeza ilusória de que é possível tamponar o vazio inominável com uma Verdade estabelecida – malgrado a *ortodoxa* de Temístocles e Péricles, que conferiu à ação política valor de "opinião verdadeira" –, a *doxadzein* se constituiu historicamente como arma ideológica do Governar, no que concerne a postasia identificatória das massas, em torno de um Bem-Supremo qualquer, mero dogmatismo demagógico de época e que Octave Mannoni denominou, com propriedade, de Outro-Ideológico.

Mas, como dissemos, em nome do "poder da negação", Marx começa por reinterpretar a tradição do pensamento político-filosófico em Platão, contestando a alegada posição secundária da ação (*praxis*), em função da "liberdade do espírito" para ocupar-se do eterno, isto é, Marx contestou a platônica manutenção da dignidade filosófica, como Ética da alma, do Pensamento, condição de transmissão dialogal de *Eidos*. Então, ao definir o homem como *animal laborans*, Marx postulou o contrário: seria a ação o "autêntico e verdadeiro veículo do pensamento"[45]. Com efeito, Marx acaba se diferenciando, também, dos modelos da poética e da épica[46], destacados em Homero, nos quais os grandes feitos, que suportavam a Honra do herói, eram sempre acompanhados de grandes palavras, mesmo porque

[45] ARENDT, 2009, p. 143.

[46] Embora Marx já reconhecesse, conforme a introdução da *Contribuição à crítica da Economia Política* (edição espanhola da FCE), que apesar de a arte e a épica gregas estarem ligadas a certas formas de desenvolvimento social, elas seriam ainda capazes de proporcionar um deleite estético, sendo consideradas, em determinados casos, como normas e modelos insuperáveis.

pensamento e discurso eram ali considerados uma forma de ação[47]. Contudo, tanto para Aristóteles, quanto para Platão a verdade última estaria, também, para além das palavras, no que Lacan disse ser o Real, de sorte tão impossível quanto o acesso a essa Verdade suprema, quando visada em sua integralidade prometeica, conforme o mito de Prometeu lido pelo mestre de Paris, em 1933, como o ícone da paranoia (cf. *Revista Minotauro*, nº 3). E, por reconhecerem a impossibilidade de acesso ao que Lacan chamou, em 1975-1976, cf. *Seminário 23*, de "gozo de Deus", a arte e a filosofia gregas puderam valorizar a possibilidade de uma verdade (não-toda), parcialmente resgatável e/ou mediatizável, em função do reconhecimento da subjetividade Inconsciente, parturiada pela maiêutica e/ou ficcionada na categoria trágica de "Destino" (equivalente ao Outro que determina a ação Ics). Ou Édipo não foi aquele que "agiu por não saber"? Embora, como dissemos, o próprio Marx[48] tenha reiterado o ponto paradoxal, enquanto algo realmente difícil de compreender: a desigualdade no desenvolvimento da produção material em relação ao desenvolvimento da produção artística. Mas, como, no mínimo, a arte interpreta ficcionalmente o mundo existente e/ou o recria como um "novo mundo", ela seria, a juízo de Lyotard, uma teoria de legitimação, qual a Filosofia que, na grande maioria das vezes, não abre mão da Hermenêutica. Todavia, sem dúvida, o jovem Marx, na apologia de seu praxismo – que, por vezes, serviu de álibi à reinscrição totalitária de seu pensamento – era mais tolerante com a arte (o mesmo não se pode dizer do sovietismo para com os artistas) do que com a Filosofia. Daí ter dito: "os filósofos não fizeram nada, senão interpretar o mundo de diferentes maneiras, mas trata-se agora, de transformá-lo"[49]. O que, conforme *A ideologia alemã*, que seria um "ajuste de contas" com a consciência filosófica anterior, faz dele um autor emancipativo, conforme Lyotard, visto que essa Verdade universal

[47] Além disso, Lacan (1954) já teria dito que o homem moderno "não precisa se atormentar tanto, pelo motivo de que a ação humana por excelência é precisamente a fala" (cf. LACAN, J. Do símbolo e de sua função religiosa. In: *O mito individual do neurótico*. Rio de Janeiro: Jorge Zahar Ed., 2008, p. 53).

[48] Confrontar, também: MARX, K. Introdução à Crítica da Economia Política. In: *El capital*. México: Fondo de Cultura Económica, 1966.

[49] MARX, K. Teses sobre Feuerbach (XI). In: MARX, K; ENGELS, F. *A ideologia alemã*. 6ª Ed. São Paulo: Hucitec, 1987, p. 128.

e paratodizante da qual fala o marxismo seria emancipada pela prática, isto é, pela ação do político marxista, enquanto sujeito-agente da Verdade revolucionária. Porém, apesar de Marx ter sido o primeiro a reconhecer o traço sintomático do capitalismo, isto é, o *Mehr-Wert*, enquanto a causa do desejo da produção capitalista de seu tempo, sua denúncia não livrou a *Weltanschauung* marxista do crivo do Real e da realidade, ou melhor, do visco totalitário de culto à personalidade e à certeza de palavra-plena, que acabou por colocar no mesmo campo fenomenológico e conceitual: ação revolucionária e passagem ao ato, pois:

> é a partir [...] do sintoma que Marx pretende prorrogar a grande Revolução: é a partir da mais-valia descoberta que ele precipita a consciência dita de classe. Lênin, ao passar ao ato, não obteve nada além do que chamamos de regressão em psicanálise: ou seja, os tempos de um discurso que não foram sustentados na realidade, antes de mais nada, por serem insustentáveis[50].

Mas, retomando o fio condutor da saga filosófica[51], a tradição grega foi sendo, apesar de combatida (destacadamente por Cícero, um moralizador que advogava, enquanto princípio social, o bem comum), assimilada, em suas categorias fundamentais, pelo pensamento político romano, que reconhecia nela o marco de fundação da própria filosofia, assim como via na fundação de Roma a verdadeira e eterna fundação do mundo político; reconhecendo ainda, na ordem jurídica, com autores como Justiniano e Papiniano, a possibilidade de articulação entre as esferas filosófica e política. Portanto, se até ali não havia, porque Real, uma Verdade absoluta para o mundo dos homens, a ação do homem continuava incerta, visto "que os homens de ação se movem numa rede de erros e inevitável culpa"[52]. De fato, mais do que a medieval teologia cristã (da "humildade" agostiniana diante do fracasso do imaginário *libero arbítrio*, por exemplo), a filosofia cristã da era moderna reconhecia no ficcional "dedo da Providência" o limite da ação

---

[50] LACAN, J. Radiofonia. In: *Outros escritos*. Rio de Janeiro: Jorge Zahar Ed., 2003, p. 423.

[51] Cf. ARENDT, H. *A promessa da política*. Rio de Janeiro: Difel, 2009.

[52] ARENDT, 2009, p. 104.

humana, pois, conforme as palavras de Bossuet, "não há poder humano que não promova, contra a própria vontade, outros planos que não os seus (*Discours sour l'histoire universelle*, iii, 8)"[53]. Kant e Hegel, cada um a seu modo, reconheceram, também, um fator imponderável operando por trás dos homens, seja como "ardil da natureza", seja como "astúcia da razão", tal como "um *deus ex machina* necessário para explicar que a história [...] é feita por homens que nunca sabem o que estão fazendo e sempre acabam desencadeando algo diferente do que pretendiam e queriam que acontecesse"[54]. Talvez, por isso, o psicanalista de formação epistemológica Slavoj Zizek tenha intitulado seu livro, que versou sobre o totalitarismo stalinista, de: *Eles não sabem o que fazem*, ao insistirem na existência do sublime objeto da ideologia. Mas, com o pensamento moderno, o reconhecimento desse caráter inescrutável da *Physis* pré-socrática – porque inaudito e inominável, responsável pelo aturdimento dos filósofos, bem como pela simbólica fundação da própria Filosofia, conforme a tradição do pensamento político-filosófico grego, a se traduzir como incerteza (e apontar, no futuro, tanto para o contingente Ics simbólico de Freud, quanto para o fracasso de suas formações, em face do ex-sistente Ics Real de Lacan) – foi abandonado em função de uma nova crença no progresso e no desenvolvimento da ciência (ou seria no discurso da?). Em suma, apostava-se no inexorável desenvolvimento de um processo (meta)historicamente inevitável. Algo muito próximo à certeza de que se poderia dizer, um dia, toda a "verdade sobre a verdade". Foi essa fé num processo "automático" (ou pelo menos completamente "independente" das incertezas da ação humana) que tornou possível se falar em "construir" e/ou "transformar o mundo", ou em "revolução" como "locomotiva da história", ainda que a lição esquecida de Copérnico, retomada por Lacan diante de uma juventude exaltada com os acontecimentos de Maio, tenha falado, na melhor das hipóteses, de revolução como uma "volta ao mesmo lugar", conforme o *Seminário 16*. Entretanto, poderíamos, também, pensar em revolução, conforme o *Seminário 3*, como

---

[53] Ibidem, loc. cit.

[54] Ibidem, loc. cit.

uma *Verworfen* que, a exemplo dos discursos de exclusão[55], não repete, qual o "jovem Marx" nos fez supor, a história como farsa, mas retorna, qual a projeção kleiniana (em seu equívoco moral-objetal), o sujeito do delírio ao mesmo lugar (Real), porque já o teriam previamente recusado no registro do Simbólico. Contudo, Marx rejeitou a ideia de que a ação, por si mesma (desde que historicamente consciente) – isto é, dispensando o caráter de inefável incerteza do trágico "Destino", do aristotélico "primeiro motor imóvel", da tomasiana "Realidade Primeira", do kantiano "ardil da natureza", ou mesmo do que Freud, pós-1920, apontaria, no "Além do princípio do prazer", como sendo o que é delirantemente pleiteado pelo "instinto de morte" –, não seria capaz de revelar, acelerar ou mesmo produzir *a* Verdade universal, com a qual o marxismo foi se afastando de qualquer argumento da autoridade precedente para situar-se, perigosamente, em relação ao campo da utopia, por duas razões explícitas: a) supor a *praxis* (empírica) como critério principal da verdade; b) supor que a verdade tinha *locus* próprio: a História, daí o materialismo histórico, e que, sendo negativa e universal qual sua raiz hegeliana, só o marxismo poderia ser a "chave" metodológica, ou seja, a dialética de seu conhecimento, daí: materialismo dialético. O que era muito diferente em Sócrates que, ao aceitar a impossibilidade de uma Verdade absoluta, estabeleceu uma relação ficcional com o não-saber, sob o signo do "Amor pela verdade", conforme caracterizado no *Seminário 8*, enquanto Suposição de Saber. Por sua vez, a filosofia hegeliana, impulso do qual Marx partiu e se diferenciou, conforme a leitura de Althusser, sempre reconheceu no "Absoluto – isto é, [n]o espírito do mundo ou [n]a divindade –, em seu movimento dialético, que é como ele se revela à consciência humana"[56], o início, o meio e o fim de qualquer processo histórico. Já Marx, ao adotar parcialmente a dialética hegeliana, a privou desse inefável fator de indeterminação, que os espíritos *engagés* preferiram ver como "últimos suspiros do passado" e que fazia referência a toda uma tradição que já se mostrava eticamente compatível, em Sófocles, com o que Lacan chamou de "ética trágica do sujeito", conforme o *Seminário 7*, ao se basear no modelo

[55] Ponto de vista textualmente confirmado por Lacan conforme p. 107 d'*O avesso da psicanálise*.

[56] ARENDT, 2009, p. 123-4.

de Antígona, que jamais cedeu sobre seu próprio Desejo, mesmo em face da tirania do bem-político, imposta por Creonte. Talvez por isso, contra o capitalista que, a juízo Lacan, seria um discurso mais do que um modo de produção, como queria o marxismo, somente a Santidade joyceana, ou a Santificação do sintoma, cuja verdade pode bascular da não-cedência do próprio Desejo (Honra heroica, Vergonha ática), ao saber-fazer com seu ser de sinthoma. Mas, ao supor ter invertido a dialética hegeliana e a depurado de "sua ganga mística", Marx criou, também, a precondição para se ideologizar a ideia hegeliana de Alienação (falsa consciência). Ou, nas palavras de Hannah Arendt, a dialética hegeliana, que Marx transformou em metodologia formal, proveniente do conhecido processo tríplice de tese, antítese e síntese, reduziu

> toda a realidade [...] a estágios de um único e gigantesco processo de desenvolvimento – algo totalmente desconhecido de Hegel –, abrindo caminho para o pensamento verdadeiramente ideológico, que, por sua vez, era algo desconhecido para Marx. Esse passo da dialética como método para a dialética como ideologia se completa quando a primeira proposição do processo dialético se torna uma premissa lógica da qual tudo mais pode ser deduzido como uma consequência totalmente independente de qualquer experiência[57].

Se Hegel, em nome do Espírito Absoluto, apostou na redenominação do *Eidos* platônico como lógica universal (nele *kinética*, movimento, enquanto em Platão era ancestral) de uma História não ideologizada, Marx, ao adotá-lo sem a sua ganga mística, o reinscreve, bem como a sua "teodiceia" dialética do espírito, nos domínios do ativismo ideológico e do economicismo histórico. Isso se daria no e pelo materialismo dialético, principalmente de versão ideológico-partidária, que preferiu apostar no caráter progressivo, inexorável e, consequentemente, previsível das leis do desenvolvimento histórico, enquanto algo totalmente verificável nas condições materiais de produção (objetivamente demonstráveis), que deveriam se desenvolver a

[57] Ibidem, p. 123.

partir de si mesmas. Assim, o marxismo acabou imaginarizando teleologicamente a dialética hegeliana, pois onde se lia Absoluto (de óbvia natureza divina, infinita), passou-se a ler História como um processo unilinear, "objetivo", autoimpulsionado e determinado socioeconomicamente. Mas, para aqueles que não se deixam levar pela lógica "evolucionista" e panfletária que disso derivou, por reconhecerem já no massacre de Katyn (extermínio do exército polonês) uma parceria entre o nazismo e o stalinismo, visto que o *homo labor* de Marx não libertou ninguém em Auschwitz, resta o reconhecimento da tese freudiana de uma discordância radical entre a realidade (princípio da) e o potencial agressivo[58] do homem que, além de não ser dominado por agente político algum, ameaça arrastar suas "lideranças" em um ciclo de "eterno retorno" da hostilidade, enquanto efeito do apego humano à Coisa (*das Ding*), assim como as sucessivas ilusões totalitárias de Bem político-moral, que sempre ocuparam o lugar desta. E, por essa Coisa (Bem-Supremo) ser da ordem do Nada, do Vazio Absoluto, *apud* Parmênides, se correlacionando, portanto, com o "ponto de apocalipse" lacaniano[59], ou melhor, com o temor moderno da "ausência-de-mundo"

---

[58] Vale lembrar que Marcuse, em sua "fase americana", já desvinculado da Escola de Frankfurt e em oposição a seu antigo colega Erich Fromm, pretendia demonstrar um "marxismo freudiano" – corretamente rejeitado por Fromm, ao dizer da incompatibilidade do conceito de pulsão de morte como ideia de "sociedade sem classes" – e que, para tal, escreveu *Eros e civilização*, forçando a compatibilização de um Freud biologista com um Marx neo-hegeliano. De qualquer forma, apesar de propor um retorno a Freud, bem como a articulação deste com Marx, sob o álibi de combater o "revisionismo psicanalítico", a própria Teoria Crítica da Sociedade não se deu conta, malgrado Erich Fromm, que a pulsão de morte não tem lugar no pensamento marxista que, também, não aceita o recalcamento em função da civilização (do *Geist*). Aliás, a Teoria Crítica da Sociedade sempre confundiu os conceitos de repressão (tomada ali em sua variante meramente comportamental), Recalque (*Verdrängung*) e Sublimação, não podendo, por isso, metabolizar teoricamente a dimensão do Mal-Estar, enquanto insatisfação estruturante capaz de fazer frente ao triunfo possível da perversidade em liame social (ou ao "retorno à barbárie", contra o qual se colocavam Adorno e Horkheimer).

[59] Se, na guerra fria, este imaginário foi sintetizado pela ameaça de hecatombe nuclear, apesar da presunção MAD (Destruição Mútua Assegurada), atualmente, conforme o discurso da ciência, nos deparamos com visões do futuro que apontam para o esgotamento dos recursos naturais ("colapso da mãe natureza"), assim como com o fantasma de uma catástrofe climática (por vezes, espetacularizada), ou biológica (viral, bacteriológica), por vezes, articulada à expectante ameaça terrorista, sob o gládio Real do que Lacan apontou como a função das "falsas religiões". Ameaça que é, aliás, constantemente promovida e aguçada pela mídia, que

– fantasma que sempre provocou uma questão filosófica primordial[60], que afetou Leibniz, Schelling, Hegel, Heidegger e Lacan, dentre tantos outros – faço novamente minhas as palavras de Hannah Arendt:

> Ao converter a dialética em método, Marx a liberou dos conteúdos que a mantinham delimitada e atada à realidade substancial [ou melhor, ao simbólico-ficcional Princípio da Realidade]. E assim ele tornou possível o gênero de pensamento-processo característico das ideologias do século XIX, culminando na lógica devastadora dos regimes totalitários cujo aparato de violência não está sujeito às restrições da realidade. [...] Olhando essa ruptura sob a perspectiva do caminho que leva de Hegel a Marx, podemos dizer que ela ocorreu no momento em que não a ideia, mas a lógica desencadeada pela ideia, se apoderou das massas[61].

Diferentemente da lógica sacrificial adotada pelo nazismo, em nome de um Deus natural, que definiu a história como uma luta de raças, na lógica "pequeno-bolchevique" o marxismo-leninista seria *a* "ciência" do proletariado, pois lhe daria as chaves para o conhecimento das leis do movimento da humanidade, isto é, a direção do processo histórico, que estaria nas mãos do verdadeiro e único "grande timoneiro": *o* Partido, aquele que jamais perderia de vista o rumo da luta de classe, em direção à sociedade perfeita. Em tempo, esse aspecto da megalomania revolucionária, ainda que abdutor inconfesso do pensamento iluminista, supôs prescindir da ficção simbólica de uma autoridade suprarracional (ou "irracional", como quiserem), em função do projeto de uma autoridade baseada no *savoir-faire* efetivo, na qual o Senhor hegeliano, excluído como S^1 (Significante-Mestre), cede lugar ao líder totalitário, objeto-encarnação de S^2 (conhecimento objetivo das leis da história), ou ao Partido – instrumento da Vontade de um Outro-ideológico,

---

ocupa o preciso lugar de difusor de uma "estética da fragilidade", serviçal de certa "política do medo", tributária do princípio da acumulação capitalista.

60 Se o pensamento filosófico sempre foi assolado pela questão de: "por que existe alguma coisa em vez de nada?", do ponto de vista da psicanálise a nadificação é Real, o sintoma que a supre, como falta-a-ser, é Simbólico (S→R) e alguma coisa, qualquer, é Imaginária.

61 ARENDT, 2009, p. 123-4.

como outra face do Deus obscuro lacaniano – "que toma a si a 'responsabilidade' de realizar a necessidade histórica em sua crueldade canibalesca"[62]. Daí Zizek ter nos apresentado o matema do "sujeito totalitário" como S^2/a, a partir da inversão do Discurso do Analista (a/S^2), no qual o lugar do não-saber é ocupado pelo naturalismo "revolucionário" de um Saber universal e no lugar que seria da verdade (não-toda) temos o objeto *a*, como seu semblante. Com efeito, a perversão desse "socialismo científico" está em se apresentar não como uma inferição prometeica do Real (qual o nazismo), mas como o semblante de um saber "neutro", "objetivo", vale dizer, como um objeto científico, "sob o qual se oculta o objeto-agente obsceno de uma vontade superegoica"[63]. Mais ainda, como a retórica de cientificidade não bastava para fazer liame social com as "massas sombrias", essa visão de mundo dialético-materialista abraçou uma orientação ideológica "politicamente correta": ser a expressão do povo, o que, aliás, nunca foi prerrogativa do discurso de esquerda (vide o culto ao *Volkgeist* nazista). Por isso, na melhor das hipóteses, esse discurso socioideológico é um discurso parcial, nada neutro, sobre como a sociedade se estrutura, na medida em que ele é enunciado de um lugar determinado, já dividido pelo antagonismo social. Talvez por isso, retomando a lição do *Seminário 16*, Zizek tenha chegado à conclusão de que tal discurso não é capaz de se colocar numa distância objetiva para dizer a verdade sobre a verdade, visto que "toda a fala *sobre* a luta de classes recai *na* luta de classes"[64].

Por essas razões, tanto Marcuse como Arendt (ambos, histórica e pessoalmente, ligados a Heidegger), distinguiram o marxismo soviético do alemão (frankfurtiano) e, mais tarde, autores como Perry Anderson cunharam, por razões dessa mesma ordem, o conceito de Marxismo Ocidental (no que foram, indiretamente, apoiados por autores como o socialista Lucio Coletti[65]). Malgrado isso, ainda que o marxismo-leninista se diferencie do fascismo – em que o texto de referência *Minha luta* é a "fala" imediata do

---

[62] ZIZEK, S. *Eles não sabem o que fazem*: o sublime objeto da ideologia. Rio de Janeiro: Jorge Zahar Ed., 1992, p. 69.

[63] ZIZEK, 1992, p. 70.

[64] Ibidem, p. 91.

[65] Cf. COLETTI, L. *Ultrapassando o marxismo*. Rio de Janeiro: Forense, 1984.

líder, semblante de um "Ser-Supremo" (em-Malignidade, como diriam Hannah Arendt e E. Roudinesco) que apresenta passionalmente sua visão político-racista de mundo –, o dito "socialismo real", também, se consagrou, na prática, como uma forma de Totalitarismo. Entretanto, o seu texto de referência, *Breve curso de história do PC (b) da URSS*, pretende se perfilar como um resumo "objetivo, neutro e anônimo", cujo caráter universitário já transparece em seu título. Ou seja, se o meio de estabelecer laço social para o nazifascismo foi a voz (palavra-plena do líder), para o stalinismo são os textos "sagrados", os artigos e as brochuras que, ao serem abordados através do comentário "apropriado", desempenharam essa função, como caracterizou Zizek. E, apesar de esse materialismo (político-partidário), em suas duas acepções, tentar conotar o terror que emergiu, como "síntese" desse processo histórico, como um irrelevante "evento casual" e/ou secundário, buscando, por vezes, displicentemente, relegá-lo à "lata de lixo da história", o festejado Outubro Vermelho encontrou sua verdade mais radical no Grande Terror stalinista, assim como Lacan encontrou em Marx – vale dizer, em sua teoria da mais-valia (*Mehr-Wert*), a qual fez transparecer o traço singular do capitalismo – a verdade (não-toda) do Sintoma Social. Foi, também, devido a esse raciocínio de Marx que Lacan pôde dizer de nosso modo de gozo atual como situado, unicamente, a partir de um pequeno outro, enquanto um mais-gozar. Então, se Lacan já teria descrito, na década de 60, o momento em que o Governar faz de "Kant uma flor sádica", em 1973 (cf. "Televisão"), ele pode profetizar a escalada do racismo mental, ao pôr em evidência o desgarramento de nosso modo gozo contemporâneo, devido à dificuldade da cultura ocidental em situá-lo a partir do Outro (simbólico), enquanto representante da Lei-do-Pai, a ser enunciada por um porta-voz Simbólico, qual o freudiano Moisés hebreu, como: "Não matarás!".

De qualquer forma, o estatuto marxista dessa categoria extensiva de sintoma, a juízo de Jacques Lacan, é anterior à conceituação freudolacaniana desse termo[66], inclusive no âmbito intensivo da identificação derradeira, com

[66] Conforme o dito "Lacan dos Classicismos", o termo sintoma, clinicamente introduzido por Freud, se relaciona à representação do valor de verdade que, por via metafórica, universaliza o gozo fálico (JΦ), pela fantasia Ics ($\$ \diamond D$), conforme o "Sintoma Fundamental" e se distingue do originário Sintoma Social introduzido por Marx, no qual o resto do "sobre-trabalho",

singular valor de verdade sintomática, aposto no lugar do Nada absoluto, isto é, no lugar da impossibilidade de existência de Bem Supremo, seja ele sexual, religioso e/ou político-moral. Por isso, ao cogitar *De um discurso que não fosse semblante*, Lacan pode nos dizer:

> um dia a ciência brotou em nosso terreno. Ao mesmo tempo, o capitalismo fazia das suas, e depois houve um cara – só Deus sabe por quê, decreto do céu –, houve Marx, que, em síntese, garantiu ao capitalismo uma sobrevivência muito longa [muito possivelmente porque o capitalismo se alimentou do próprio potencial combativo do socialismo]. E depois houve Freud, que de repente se inquietou com algo que manifestamente se tornava o único elemento de interesse que ainda tinha alguma relação com essa coisa com que se sonhara no passado, e que era chamada de conhecimento [...]. Freud percebeu a existência do sintoma. [...] O sintoma é aquilo em torno do qual gira tudo de que podemos – como se costuma dizer, se essa palavra ainda tivesse sentido – ter ideia. O sintoma: é por ele que vocês se orientam, todos vocês. A única coisa que lhes interessa e que não é um completo fiasco, que não é simplesmente inepta como informação, é aquilo que tem o semblante de sintoma, isto é, em princípio, coisas que nos dão sinal, mas das quais não compreendemos nada. É isso que há de seguro: há coisas que nos dão sinal e das quais não compreendemos nada[67].

na forma de objeto *a*, como um mais-gozar (*Mehr-Lust*), particulariza o fetichismo (feitiço) mercadológico como universal do capitalismo e não como, por exemplo, na freudiana "descoberta anexa", própria da estrutura fetichista. Já no Lacan do "Campo do Gozo" o sentido genealógico e estrutural de sintoma, na lógica acepção de sigma (Σ), modula R, S, I, no nível do nó de quatro, para que ali se intromisture o sujeito à estrutura, de sorte: R, S, I e Σ; ainda que o sintoma freudiano já tenha sido redito por Lacan como S→R, isto é, universalização de gozo fálico. Por sua vez, o sinthoma, que como ancestral tem o Symptôme e equivale à Santidade (*Saint-Homme*), realiza, por emenda e/ou sutura, a relação do $ (sujeito) com a nomeação do gozo. Contudo, não podemos nos esquecer ainda que, para Freud, o sintoma (axioma da fantasia) seria a representação da energia corporal contida no objeto pulsional. Obs.: baseado em nota aposta ao Seminário inédito de A. S. Mendonça sobre Lacan e o Sinthoma, CEL/RS, nov. 2009.

67 LACAN, J. *O seminário, Livro 18, De um discurso que não fosse semblante*. Rio de Janeiro: Jorge Zahar Ed., 2009, p. 49.

Referências bibliográficas

ALTHUSSER, L. *Escritos sobre psicanálise*: Freud e Lacan. Madri: Siglo Veintiuno Ed., 1996.

ARENDT, H. *A promessa da política*. Rio de Janeiro: Difel, 2009.

————. *Sobre a violência*. Rio de Janeiro: Civilização Brasileira, 2009.

COLETTI, L. *Ultrapassando o marxismo*. Rio de Janeiro: Forense, 1984.

FOUCAULT, M. *Microfísica do poder*. Rio de Janeiro: Graal, 1979.

LACAN, J. *O seminário, Livro 7, A ética da psicanálise*. Rio de Janeiro: Jorge Zahar Ed., 1997.

————. *O seminário, Livro 8, A transferência*. Rio de Janeiro: Jorge Zahar Ed., 1992.

————. *O seminário, Livro 16, De um Outro ao outro*. Rio de Janeiro: Jorge Zahar Ed., 2008.

————. *O seminário, Livro 17, O avesso da psicanálise*. Rio de Janeiro: Jorge Zahar Ed., 1992.

————. *O seminário, Livro 18, De um discurso que não fosse semblante*. Rio de Janeiro: Jorge Zahar Ed., 2009.

————. *O seminário, Livro 20, Mais, ainda*. Rio de Janeiro: Jorge Zahar Ed., 1985.

————. O seminário, Livro 22, R.S.I. *Maisum*: boletim periódico do Colégio Freudiano do Rio de Janeiro, ano 4, nº 39, 1983.

————. *O seminário, Livro 23, O sinthoma*. Rio de Janeiro: Jorge Zahar Ed., 2007.

————. *O triunfo da religião*. Rio de Janeiro: Jorge Zahar Ed., 2005.

————. A ciência e a verdade. In *Escritos*. Rio de Janeiro: Jorge Zahar Ed., 1998.

————. Os complexos familiares. In *Outros escritos*. Rio de Janeiro: Jorge Zahar Editor, 2003.

————. Talvez em Vincennes. In: *Outros escritos*. Rio de Janeiro: Jorge Zahar Ed., 2003.

————. Resposta a estudantes de filosofia. In *Outros escritos*. Rio de Janeiro: Jorge Zahar Ed, 2003.

————. Televisão. In: *Outros escritos*. Rio de Janeiro: Jorge Zahar Editor, 2003.

————. Do símbolo e de sua função religiosa. In: *O mito individual do neurótico*. Rio de Janeiro: Jorge Zahar Ed., 2008.

————. Sobre o Balcão de Genet. *A Transmissão*, Porto Alegre, ano 4, nº 5, 1996.

MANNONI, O. *Chaves para o imaginário*. Petrópolis: Vozes, 1973.

MARX, K. Teses sobre Feuerbach. In: MARX, K; ENGELS, F. *A ideologia alemã*. 6ª Ed. São Paulo: Hucitec, 1987.

————. *El capital*. México: Fondo de Cultura Económica, 1966.

MAO, Tse-Tung. *Sobre a prática e a contradição* (apresentação de Slavoj Zizek). Rio de Janeiro: Jorge Zahar Ed., 2008.

MENDONÇA, Antônio Sérgio. Psicanálise, ética e política. In: *IIIº Congresso Brasileiro de Psicanálise d'A Causa Freudiana do Brasil*, 1986, Vitória. Anais do Congresso Brasileiro de Psicanálise d'A Causa Freudiana do Brasil, Edição do Colégio Freudiano de Vitória, 1986.

————. Genet, a comédia e a perversão. *A Transmissão*, Porto Alegre, ano 5, nº 6, 1997.

————. Lacan e(m) 68 rotações. *Revista Rio Total*: Opinião Acadêmica, nº 587, Rio de Janeiro, 2008. Disponível em: <www.riototal.com.br/coojornal/antoniosergio032.htm>. Acesso em: 28 jun. 2008.

————. A honra, a vergonha e a autoria e/ou alguns dos ecos (impudentes) pós-68. *Revista Rio Total*, Opinião Acadêmica, nº 588, Rio de Janeiro, 2008, p. 06. Disponível em: <www.riototal.com.br/coojornal/antoniosergio033.htm>. Acesso em: 05 jul. 2008.

MILLER, J.-A. *Matemas I*. Rio de Janeiro: Jorge Zahar Ed., 1996.

————. *Perspectivas do Seminário 23 de Lacan: O sinthoma*. Rio de Janeiro: Jorge Zahar Ed., 2009.

————. Sobre a honra e a vergonha. In: MILLER, J.-A. (org). *Ornicar?*, Rio de Janeiro, nº 1, Jorge Zahar Ed., 2004.

MILNER, J.-C. *Os nomes indistintos*. Rio de Janeiro: Companhia de Freud, 2006.

MONDAINI, Marco. O Grande Terror no comunismo soviético. In: PINSKI, J.; PINSKI, C. (orgs.). *Faces do fanatismo*. São Paulo: Contexto, 2004.

———. Radicalismo e violência no comunismo chinês. In: PINSKI, J.; PINSKI, C. (orgs.). *Faces do fanatismo*. São Paulo: Contexto, 2004.

ZIZEK, S. *Eles não sabem o que fazem*: o sublime objeto da ideologia. Rio de Janeiro: Jorge Zahar Ed., 1992.

———. *Bem-vindo ao deserto do Real!* São Paulo: Boitempo, 2003.

———. *A visão em paralaxe*. São Paulo, Boitempo, 2008.

Capítulo 7

A Sublimação e seu caráter cultural para a Psicanálise: a Arte, a Ciência, a Pedagogia e a Religião

Antonio Sergio Mendonça

A Sublimação é um dos conceitos freudianos que é, ao mesmo tempo, clínico e extensivo, isso porque Freud anunciou três tipos de Sublimação, sendo que um deles é meramente extensivo, ou seja, nele a Psicanálise se presentifica na cultura: seria o estudo da origem da Arte e da Ciência e consiste no seu terceiro e mais raro tipo. Mas os outros dois conceitos de Sublimação são clínicos e significam parcialmente Inibição ou Repressão. Porém Repressão de objeto é sinônimo de Inibição; logo, num caso você tem a Inibição do sexual e, no outro, a Inibição do Pensamento.

Freud apresenta o seu estudo sobre Sublimação em vários textos:

– Em 1905, em "Os três ensaios sobre a sexualidade", ele apresenta os tipos de Sublimação.

– Em 1910, no texto "Leonardo da Vinci e uma recordação da infância", apresenta o seu melhor trabalho, o mais completo, sobre a Sublimação artística.

– Em 1914, em "O Moisés de Michelangelo", ele tem uma visão endogênica da Sublimação, que é o conceito em sua gênese; isso quer dizer que se produz uma obra de arte e se a joga na cultura, querendo, com isso, mostrar os efeitos dessa Sublimação em Michelangelo e que este, ao conceber uma estátua, propôs uma identificação com determinada imagem de Deus que correspondesse a sua mentalidade e que – em tempo – não era a imagem do Deus do Renascimento, nem era a imagem do Deus da tradição judaica, tampouco a imagem do Deus da tradição gótica.

– Já em "Inibição, Sintoma e Angústia", de 1926, conceitua clinicamente aquilo que vinha tateando e chamara antes de comparecimento compulsivo da Sublimação na Obsessão, seu primeiro tipo; e de Inibição própria do pensamento, seu segundo tipo.

Então, vamos começar vendo esses dois primeiros tipos. Eles são conceitos clínicos e complementares à Castração como recalque originário e, se este recalque, por algum motivo, não se desse por completo, para que ele se efetivasse viria a ser complementado por essa Sublimação sob a forma de repressão: repressão do sexual que seria o primeiro tipo como se disse, e é sinônimo de Inibição ou de "Mito do amor". Nesse momento o que acontece? Há uma interrupção [em curso] do circuito pulsional, ou seja, um circuito pulsional já começado, no meio do caminho, se interrompe e, no lugar de continuar em vigor a falicidade do circuito pulsional, há uma dessexualização fálica e é colocado nesse lugar um objeto sublime e inatingível, configurando, com isso, para esse movimento, o surgimento da impotência. Trata-se da repressão do sexual. Isso comparece na frustração obsessiva, porque nela esse lugar de mulher inatingível é dado à mãe e/ou ao Desejo de Mãe com valor de sublime. Esse deslocamento é também chamado, como já foi dito, de "Mito do amor", com amplo vigor nas mentalidades medieval e romântica.

Depois, Freud vai falar da Inibição própria do pensamento que, também, seria da ordem da Impotência. Só que aí o que se torna impotente é aquilo que Lacan vai chamar, posteriormente, de desejo insatisfeito ou desejo de saber, que é da ordem da Histeria e, por isso, provoca Angústia. Seria uma Inibição própria do pensamento, uma repressão ao pensamento. Dar-se-ia por repetição: o sujeito se torna incapaz de criar e capaz apenas de repetir.

Mas Freud aproveita, quando está falando da Inibição própria do pensamento, que também complementa a Castração, para definir aí a Sublimação no seu movimento mais geral: a elevação do objeto fálico à dignidade de Coisa, de objeto inatingível.

Desses dois tipos de Sublimação não se faz luto, e isso quer dizer que não há como superá-los enquanto tal, pois enquanto a neurose for vigente eles estarão comparecendo. Porém, se fizermos o estudo da Obsessão, iremos nos deparar com o fato de que esse tipo de Sublimação da figura paterna é que fará com que o obsessivo seccione fantasmaticamente as mulheres. Lacan chamou isso de "Mito individual do neurótico", ou seja, a divisão objetal entre mulheres para se amar e mulheres para se gozar. O escritor brasileiro Machado de Assis, que está centenariamente na moda e que foi objeto de um congresso de Psicanálise no Rio de Janeiro em setembro de 2008, no qual o Ernesto esteve presente, e é também objeto de um curso de Psicanálise de Sérgio Paulo Rouanet, que escreveu um brilhante livro sobre ele intitulado de *Riso e Melancolia*, nos dá exemplos desses dois primeiros tipos de Sublimação. No primeiro tipo de Sublimação, complementar à Castração, estaria a figura de Bentinho, no "Casmurro" enquanto jovem, precisamente, diante do arrebatamento provocado por Capitu e seus "olhos de ressaca", embora ele – identificado ao Desejo de Mãe, que, por sua vez, o condenava à homossexualidade, à indistinção sexual (isso porque ele era "pré-destinado" a ser padre, ao celibato) –, ele trai o Desejo de Mãe e jamais se "perdoa" e a Capitu por tê-lo transformado falicamente, por tê-lo arrebatado dessa maneira. Então, o que ele vai fazer? Ele vai atribuir o produto fálico da relação a dois com a Capitu ao seu oponente Escobar. Então, ele cede sobre o seu desejo, repudia o filho, admira o "amigo traidor" e "condena moralmente a morta", com o "ciúmes de Jesus de Sirah". E, ao contrário das referências de enunciado e óbvias a Otelo, Bentinho, qual Hamlet, sofre do "crime de existir" e deve pagá-lo não com a própria vida, mas com a sua exclusão da identificação viril.

Todavia, outro exemplo disso, também referido a Hamlet, está em Lacan, que é o que por saber não agia e cedia sobre o seu desejo por Ofélia. Eles, Hamlet e Bentinho, estão sempre abrindo mão do seu desejo, interrompendo algum desejo em curso, seja para transformar Capitu em adúltera "depois de morta", seja para ser odiado por Ofélia e fracassar oferecendo as entranhas como "dom" na vingança irrealizada do pai.

No segundo tipo de Sublimação, que é a Inibição própria do pensamento, Machado de Assis, em "Cantiga de Esponsais", apresenta-nos o mestre Romão como um exemplo da Inibição própria do pensamento.

O personagem retratava um excelente músico, capaz de tocar as melhores melodias, menos de criar. O "mestre" Romão não conseguia criar. Ele, então, casa-se, achando que, com esse *affaire* fálico, poderia ser levado à criação. Porém o seu casamento se melancoliza, sua mulher "falece" num clima melancolizante e ele, cada vez mais, até morrer, não conseguirá criar nenhuma obra artística, nenhuma obra musical – e dá o lugar materno a um criado negro que fora o único que, no final, termina por ouvi-lo. No mesmo congresso, esse tipo de Sublimação nesse exemplo machadiano foi objeto de trabalho de Rita Franci Mendonça.

Já o terceiro tipo de Sublimação comparece na sua monumental obra *Memórias Póstumas de Brás Cubas*. Esta é a obra que universaliza o texto machadiano ao colocá-lo como a versão mais moderna da literatura "shandiana", da literatura que atinge o seu ápice com o personagem Tristam Schandy, de Laurence Sterne, que é muito mais elaborada nesse romance de Machado de Assis. Ali, estabelece, no *post-mortem*, o diálogo com o embrião e dedica o livro ao primeiro verme que vai corroê-lo. Ele abole a distinção entre presente, passado e futuro. Machado de Assis escreve para Carolina, e aí, por um "equívoco" que esteve presente desde o século XIX, porque havia então uma quase má vontade com Machado de Assis, publicaram errada sua frase: "Depois, querida, incendiaremos o mundo" (e houve até um anarquista de plantão que quis dizer que era prova de que o Machado não era conservador, de que ele era um "revolucionário", um "terrorista"). Não era "incendiaremos", não leram a letra dele direito, era "ganharemos o mundo". E é nessa obra que o Machado de Assis se notabiliza como um autor da literatura universal. Essa obra tem tudo a ver com essa dedicatória que ele faz à sua Carolina.

Esse tipo de Sublimação é substitutivo da Castração; ele não a complementa. Ou há essa Sublimação, ou há Castração. São incompatíveis, porque há uma interrupção precoce e não em curso do circuito pulsional. O circuito pulsional não existe, existirá em seu lugar a gênese da Arte e da Ciência. Esse era o raciocínio de Freud, para o qual tal recurso atuava no lugar do recalque originário e era centrado na figura de Leonardo da Vinci. As fontes de Lacan sobre Leonardo da Vinci são muito mais extensas que as de Freud. Freud lê o Leonardo da Vinci sem se dar conta de que o pássaro era o milhafre e não ressalta a questão das duas mães. A Sublimação estaria demonstrada no quadro *As duas mães*, porque uma mãe retratada é a mãe da Santíssima Trindade e a outra é a avó da Santíssima Trindade. Então, o nosso Leonardo da Vinci, em vez de ter mais de duas mulheres como o Don Juan, tem duas mães. Logo, ele se dedica inteiramente à Sublimação em vida – trata-se, portanto, da interrupção precoce do circuito pulsional – e produz a obra com valor de Sinthoma. Em vez de ele produzir um Sintoma no sentido psicanalítico, um traço desejante singular, quem atua desse modo é a sua obra. Trata-se de um "Sinthoma" que o conecta como sujeito autoral à nomeação possível de seu gozo.

E, ali, tem-se a substituição do circuito pulsional pela Ideia, pelo pensamento, pelo *gheist*. É tudo aquilo que o modelo anterior não faz. Em vez de se reproduzir a obra, de se dar à repetição o valor de recalque, se produz a obra. Freud atribui essa forma de Sublimação, mais rara, ao que ele chama de a "poderosa pulsão de pesquisa". Freud, nesse momento, é um leitor ínclito de Galileu, para quem não havia distinção entre a gênese da Arte e a gênese da Ciência, conforme o ideário estético do quinhentismo, no século XVI. No entanto, Freud também está preocupado com o artista. Embora ao ler Leonardo da Vinci ele trabalhe com sua obra, ele está, também, muito mais preocupado com a ideia que se faz de Leonardo da Vinci: ele é um engenheiro, é um homem que caracteriza um dos traços mais marcantes da mentalidade do quinhentismo, que é o do realizador. Então, Leonardo da Vinci é, secundariamente, um pensador. Logo, Freud está preocupado muito mais com esse policentrismo, com essa polissemia de sua obra como homem do seu século: Homem da Arte e da Ciência. Já, com Lacan, chega-se a dizer que, se a Sublimação é um traço da mentalidade do século XVI, deve-se isso a Leonardo da Vinci, sobretudo. Mas as fontes de Lacan são textuais, porque Lacan estuda Leonardo da Vinci do ponto de vista de Koyré e, também, de Freud. E contrapõe, inter-relaciona, Leonardo da Vinci a Kepler e a Galileu, que é a grande questão estético-científica do século XVI: as órbitas circulares ou as órbitas elípticas, o classicismo de Galileu e o maneirismo de Kepler. Panofsky defende Galileu e diz que ele prefere Ariosto e seu *Orlando* à *Jerusalém Libertada* de Torquato Tasso. Koyré prefere *Jerusalém Libertada* porque o maneirismo é uma fusão entre o clássico e o "gótico tardio", ou seja, aquele em que o clássico e o medieval que retorna se fundem, como já estabelecera Weise.

Todos esses autores, então, fazem com que o leitor se centre na obra, na mentalidade. Todavia, no estudo de Freud de 1914 sobre Michelangelo, ele está preocupado não tanto com a obra, mas sim com a afetação do que é expresso nela, o que faz com que ele corrija uma dada percepção da obra. Então, ele não vai esculturalizar a imagem de Deus desta ou daquela forma, porque ele vai-se identificar com a imagem de Deus do seu século e não com a imagem de Deus gótica, medieval, ou com a imagem de Deus da cultura judaica.

Então ele está muito mais preocupado com essa endogenia do que com a exogenia que é a razão de ser da Sublimação.

Assim, Lacan encontra a teoria da Sublimação em Freud. Ele não só a reproduz, ele a recria e transforma a Sublimação num dos principais conceitos da Psicanálise.

Primeiro, ele retoma a lição freudiana e a reconfigura dando ênfase ao seu terceiro tipo: a Sublimação artística como é chamada, mas, na realidade, ligada à gênese da Arte e da Ciência, o mais raro.

Lacan vai abordar a Sublimação em um seminário dos anos 50, *A Relação de Objeto*, e nos seminários *A Transferência*, *A Ética da Psicanálise* e *Os Nomes do Pai,* dos anos 60. Também no seminário dos anos 70 *O Sinthoma* e no seu artigo *L'Etourdit*. E, sem dúvida, as fontes da abordagem lacaneana de Leonardo da Vinci são o próprio Freud e Koyré e ele o articula à questão Galileu/Kepler, tendo como fontes Koyré e Panofsky, porque Panofsky prefere a leitura de Galileu.

O Lacan que é conhecido pelo dístico "o inconsciente tem como condição a linguagem" é o Lacan do classicismo, isso por ser um grande conhecedor tanto da cultura gótica, que ele aprendeu com Koyré, quanto da cultura do século XVI, presente implicitamente quando ele escreve nos *Escritos* sobre "Ciência e Verdade", pois lá se mostra um grande conhecedor de Galileu, o que se explicita na sua opção sobre Arte/Ciência e Sublimação.

No Seminário *Os Nomes do Pai*, que é um seminário que ele fala num único dia em 63 e volta ao tema dez anos depois; em 73/74, ele vai aprofundar-se sobre a Sublimação como uma das formas de definição do Amor.

Freud já distinguira a Sublimação da Castração e da Transferência. O Amor de Transferência para Freud é o Amor pela Verdade. A Castração para Freud é o lugar do recalque originário e a Sublimação para Freud é o lugar da interrupção do circuito pulsional. Lacan retoma isso, retoma a ideia do "Mito do Amor", que corresponderia à Inibição, e vai dar como exemplo de Sublimação o "Amor Cortês" provençal, o "Amor Cortês" que se dá nas lendas do Rei Arthur e o "Amor Cortês" que se dá, também, nas cantigas de amor e nas cantigas de amigo, de Provença, na origem da cultura galego-portuguesa. Vai apresentar como exemplo de Sublimação a anamorfose, que é a deformação da imagem que se encontra em Bruegel, que se encontra em Picasso, seu amigo, mas que ele estuda especificamente, por exemplo, em *As Meninas* de Velásquez, corrigindo o texto do Foucault, na presença deste, no seminário *O Desejo e sua Interpretação*, onde Foucault dizia que ali havia uma pintura dentro de outra pintura, "a representação da própria representação". Lacan prefere dizer que o que há ali seria a borromeaneidade do objeto causa de desejo, que ele chama objeto *a*. Portanto, ele vai apresentar como modelo de Sublimação o "Amor Verdadeiro", o "Amor pelo Verdadeiro Amor", o "Amor pelo próprio Amor". Ele aproxima, consequentemente, a Sublimação, nesse sentido, do que ele chama Discurso do Mestre, da autoria, e a distingue da Transferência, na qual o amor é pelo próprio Sintoma, ou seja, "amar o Sintoma como a si mesmo"; e vai dar como exemplo de Sublimação a *Arte de Amar,* de Ovídio, o amor na obra de Dante que envolve Beatriz; a anamorfose, como já falei, vai distinguir isso da Transferência e vai depois corrigir a ideia que ele nos passava de que todo o "Amor Cortês" era Sublimação. Vai chamar atenção que o "Amor Cortês", quando fora da poesia, quando na novela de cavalaria, é um amor heterossexual, porque a Inibição ali é parcial: há uma Inibição, uma inacessibilidade à dama, mas só até determinado momento. Depois o cavaleiro é seduzido pela dama e ele diz que aí se tem o Discurso do Mestre em que a dama é a sujeita do amor, isso na Idade Média, pois é a dama que seduz o cavaleiro e, com isso, o cavaleiro ascende à linhagem da paternidade, recompõe a sua paternidade, torna-se um heterossexual que, para Lacan, é o que "ama as mulheres". Isso está na tradição saxônica que é a tradição de Avalon, a tradição do Rei Arthur, nas relações entre Arthur, Guenevere e Lancelot e num herói da novela da cavalaria portuguesa chamado Amadis de Gaula. Isso provaria a vinculação da cultura portuguesa, galega, dessa época, à cultura celta, isso porque a cultura celta vinha da Irlanda, tomava a Grã-Bretanha, invadia parte da Espanha, que é a Galiza, e da Galiza chegava a Portugal.

Falta-nos explicar, então, essa ideia de anamorfose, que é uma coisa facílima de ser explicada. Quem já teve o prazer de ir ao Museu do Prado, de ver o quadro *As Meninas*, de Velásquez, vai ver o que Lacan quer nos dizer. Aqui não se trata de um quadro pintado noutro quadro, ninguém sabe o que está nesse quadro encoberto. Esse quadro está encoberto e é como objeto *a* que essa tela do outro quadro se projeta. O que se tem primeiro é o ponto de vista do espectador. Do ponto de vista da "perspectiva cavaleira", que é o que esse quadro codifica, quanto mais diante do espectador maior a figura, ainda que seja a figura anamorfótica (deformada) da anã, e quanto mais longe do espectador menor a figura. Isso é óbvio nele. Então, o ponto de fuga, que é o ponto de vista do ego, do objeto imaginário, é o ponto de vista do espectador que está diante do quadro e para o qual um dos olhares do pintor se dirige, convocando-o a ver o que ele pode mostrar e a imaginar o que ele não pode mostrar. Já o discurso do poder, que está tendo acesso a olhar quem está posando para o quadro, é o do Ministro, mas, embora veja, ele não o revela a ninguém. Esse é o discurso do objeto causa de desejo no sentido simbólico, que é visto escopicamente como objeto da fantasia. Ele pode-se dar à fantasia de ver o que nós não vemos. O pintor, se percebe, já está recolhendo a palheta, acabou de pintar o quadro, e quem comparece no espelho? Não se trata do espelho de o "Estádio do Espelho", que é o falante diante do espelho: lá, não se vê ninguém posando. Veem-se, refletidos, por torção, no espelho, os que supostamente posaram: o Rei e a Rainha. Isso para Lacan é o Real, sempre uma gozosa imagem virtual do desejo, que, de fato, é um rechaço ao gozo. Então temos a circularidade do objeto do desejo: ora vista do ponto de vista do Imaginário, que é o do espectador, ora do Simbólico, que é o do poder, ora do Real, que é o do espelho, escópico, e só são entrelaçadas por aquele que consegue olhar ao mesmo tempo para o espectador e para o quadro, que é a função do Sinthoma, que é o lugar do autor (pintor), ali, também, imageticamente representado.

Essa é a leitura brilhante que Lacan faz e Foucault, como era um homem inteligente, calado estava, calado ficou. Quem leu Foucault sabe que ele fez essa leitura na introdução de *As Palavras e as Coisas*.

Essa é a teoria lacaneana e freudiana sobre Sublimação, que é uma coisa que tem a ver com a cultura, tem a ver com a produção da Arte e da Ciência.

A Sublimação é alternativa à Religião e a Sublimação é o que se opõe à Pedagogia não ática, não socrática.

Para Freud, porque ensinar é impossível, criar não é impossível. Então, está aí claramente a oposição à Pedagogia. Para Lacan, claramente, a Sublimação do terceiro tipo se contrapõe à Pedagogia e à Religião, porque uma aposta na impossibilidade (a Pedagogia) e a outra aposta na Angústia (a Religião).

A Religião é a forma contrafóbica mais inteligente criada pelo homem. A Psicanálise não deve resistir à Religião, nada resiste à Religião, porque a Religião é a única coisa que aplaca a Angústia diante da inevitabilidade da pulsão de morte. "Fobia é a sentinela avançada contra a angústia", a Religião é contrafóbica, ela não deixa sequer que se faça da fobia (que é um procedimento perverso) algo que funcione contra a morte. Freud escreveu um texto belíssimo em 1915, "Nós e a Morte", no qual diz que a primeira posição nossa em relação à morte é uma posição de denegação, posição da juventude; nós não cogitamos da morte. A morte é um discurso "terceirizado", desculpem o termo. Depois, nós nos preparamos para o enterro, compramos a casaca, mas, se já cogitamos da possibilidade de morrer, ainda não a reconheceremos próxima. E por último, vamos apostar, na maturidade, diante da evidência da morte, na pequena e na grande imortalidade. A imortalidade faz, então, a suspensão da morte porque convence que a morte não há e sim o perecimento. Nós estamos falando de pessoas que vivem aqui nesse momento: Freud, Lacan, Leonardo da Vinci, Koyré, Kepler, todos pereceram, mas nem todos morreram. Aliás, só vejo as pessoas morrerem quando se constrói a história do pensamento do ponto de vista dos senhores da história, que costumam, perversamente, tirar os retratos oficiais das pessoas que caem em desgraça, algo próximo àquilo que os gregos chamavam de ostracismo.

A memória para Freud é a indestrutibilidade do desejo: se está na memória não morre, perece.

A pequena imortalidade é o sujeito supor que vai ser reconhecido pelo menos pelos que o conheceram em vida. É a aspiração do vizinho, aspiração do colega de escola, aquela angústia que é provocada quando começam a morrer as pessoas da sua geração. A grande imortalidade é o sujeito supor que vai ser reconhecido por todos, por pessoas que jamais o conheceram em vida. E só se pode sê-lo através da Sublimação. Só se pode sê-lo através de uma obra de arte, através de uma obra de ciência, ou através de uma obra política ou de um ato político.

Então, nesse sentido, a Sublimação se contrapõe à Religião, porque a Religião aplaca a Angústia, coloca o místico no lugar da Angústia, fazendo com que o sujeito acredite que não vai morrer, porque continuaria vivendo depois da morte. É diferente da imortalidade sublimatória. O sujeito não perece e renasce em outro lugar, perece e pronto; fica, como diria Hegel, como *almagheist*, como Espírito, como autoria. Entretanto, em relação à Pedagogia, a distinção é mais óbvia. Os que me ouviram falar ontem sabem da irritação de Lacan quando fazia o currículo de Vincennes, ao criar uma cadeira da antifilosofia. O que era a antifilosofia? Era uma crítica ao pensamento filosófico que abria mão da Sublimação, que abria mão da autoria, que ficava naquele *pot-pourri* de professores da História da Filosofia passando, num semestre, dez, quinze, vinte autores sem que se conheça, de fato, nenhum. Enquanto que a tradição histórica do pensamento filosófico é a tradição da autoria. Então a antifilosofia era o reconhecimento da subordinação da Filosofia às manipulações da Pedagogia, e a Pedagogia é a suposição de que se é capaz de ensinar, que se é capaz de formular um modelo de saber, ou um modelo de homem que satisfaça o espírito humano. Não há nenhum objeto que satisfaça o desejo humano, nem nenhum saber e/ou comportamento que satisfaça o espírito humano, por isso os objetos e os saberes se dialetizam. Nesse sentido, para Freud, apostar no educar é da ordem da Paranoia. É querer-se fazer o que Prometeu, que é um mito e que se tornou uma tragédia, prometia: ceder aos homens o fogo do Real. Isso é impossível. Educar é impossível. Não há forma educacional possível, perfeita ou razoável. Governar é mais impossível ainda, é só olhar a História do Ocidente. E Lacan coloca isso um pouco em relação à ciência, não a ciência da gênese da Sublimação, mas certo pendor cientificista que existiu no positivismo de certa forma e que volta a existir na nossa época de outra forma. Essas coisas tendem a aplacar a Angústia, e a Sublimação não aplaca a Angústia, ela imortaliza você, como disse muito bem Machado de Assis, que, contudo, tem uma recaída melancólica quando escreve um poema sobre a morte da Carolina, já que, ali, ele tem uma visão romântica da melancolia: ele quer morrer junto com o objeto de amor. O que disse

Machado de Assis? "Nós vamos ganhar o mundo", "ganharemos o mundo". Porém como continuar a fazer sem ela?

Cem anos decorridos de sua morte, ele está imortalizado pelo mesmo país que, há 50 anos (estava nas edições do "O Globo") conseguiu uma verba para comprar a sua casa, e não sei o que fizeram com a verba, pois sua casa no Cosme Velho foi derrubada e hoje é um prédio horrível, modernoso, que continha, até pouco tempo, uma pizzaria e agora tem uma loja de tortas, malgrado a plaquinha: "Aqui morou Machado de Assis".

Não podemos esquecer de que, em nome da Sublimação, já foram escritas as mais belas estórias de amor: a história de Lancelot, a história de Beatriz. Mas sublimar, como verdadeiro e imortal amor, tem a ver, para Sócrates, com a cultura grega e Freud foi um cultor da cultura grega. Quem leu o livro de Rouanet, *Os Amigos de Freud*, no qual ele escolheu dez autores de Literatura, verá que um deles é Gomperz. Gomperz era um dos maiores conhecedores do período mítico grego. E ali você começa a ver como oscila essa questão do discurso do amor na Grécia. Quando você está no período épico, que é o período que tem Platão como pensador (Platão quer a repressão da épica, porque quer expulsar os poetas da sua Utopia, "A República", para colocar nesse lugar os filósofos, já que os poetas eram os herdeiros do oráculo de Delfos), tinha-se a indistinção entre Ágape e *Eros*[1]. E lá havia uma deusa dedicada a isso que era Afrodite. Nesse período, a ideia de arrebatamento e possessão se faz presente: tem-se uma heroína que provoca uma guerra, o que dá, posteriormente, origem ao período da comédia, porque todos queriam a "volta ao lar", e a revolta das esposas e das prostitutas põe fim ao período épico. Essa mulher, que provocou tanto o amor quanto o desejo, Helena, o fez porque tomava uma poção e pouco tempo depois ela já era possuída[2]. O mesmo arrebatamento provocado por Helena vai estar presente também em Capitu e seus "olhos de ressaca". Machado era um grande leitor dos clássicos.

Então, os gregos passam a ser dramáticos pela via da comédia, que

[1] *Eros* como abundância é a Épica, *Eros* como penúria é a tragédia. A Tragédia é um discurso melancólico.

[2] O campo semântico é o mesmo: poção, possessão. O nome em grego é Nephenthes.

é o momento de passagem entre a épica e o drama, e, depois, pela via da tragédia. O momento da tragédia, assim como o tratamento da épica que era cantada pelos poetas, tem origem mítica, vem da tradição oral. A peça de Sófocles nasce da versão tebana do mito. Então, ali já se tem o herói predestinado. O herói épico é o herói étnico; Odisseu quer dizer grego. É o herói que o "Maravilhoso", a intervenção do divino, apresenta: o mesmo divino que protege Helena. Essa intervenção pode mudar a sorte dos homens. Ali o papel que era dos deuses passa a ser do destino. O destino, quando anunciado, chama-se "moira", o destino comunicado ao destinatário digamos assim, destinatário que advém de destino. E vai-se acompanhando a história do amor na Grécia, ali ainda se tem *Eros*, mas já na leitura de Gomperz, *Eros* como abundância, é a épica. *Eros* como penúria é a tragédia que surge como morte e destruição, *Tânatus*.

A tragédia é um discurso melancólico. Mas *Eros* significa desejo, há ali uma relação incestuosa que leva a uma relação mortal. Todavia, já no século V, quando ao final da *Paideia*, que era o conjunto de saberes que a Grécia disseminava indistinguindo Filosofia e senso comum, *Eros* deixa de ter como contraponto *Tânatus*, e Freud, leitor de Gomperz, quando vai escrever sobre o mítico Id, que é o "isso" latino, vai contrapor *Eros*: abundância, a *Tânatus*, que é *Eros* como penúria. Freud, "apesar de tudo", aposta no poder reunificador de *Eros* e em seu triunfo. Mas, insisto, no século V, na *Paideia*, *Eros* não é mais *Ágape*. *Ágape* é o amor de pensamento, o amor mítico, místico e espiritualizado. *Eros* não é mais *Gnosis*, não é mais o Saber como no pensamento épico; *Eros* já tem como contraponto *Psique*, que é a sua contraforma. E há um belíssimo poema do Fernando Pessoa sobre isso.

Pois bem, isso já é o século V. Já estamos nos aproximando do período gótico. Mas, se prestarmos atenção nos anunciantes, ou seja, naqueles que anunciam o destino, quem anuncia o destino no mito e na tragédia é um cego, Tirésias, que gera o tempo da tragédia que é o "futuro anterior". É anterior para ele e futuro para o herói. O herói trágico é um predestinado, não pode ser culpado pelo seu destino, não pode ser punido pelo que fizer, mas ele é Édipo rei; então, se ele é rei, o seu povo pode ser punido. E aí ele diz: *me funai*, quisera não ter nascido com tal destino. Isso é uma concepção melancólica. Mas, continuando, a história, no *Seminário 11*, Lacan fala de Dafne e Chloé. Chloé era uma das anunciantes do destino, quando o destino era desejo, e Dafne se apresenta quando o destino é amor. Então, nós vemos que a concepção do Freud é profundamente clássica. Quando Freud vai estudar a Melancolia, apesar de dizerem que ele tinha uma concepção romântica de Melancolia, ele herda, parcialmente, a concepção psiquiátrica de Melancolia, porém ele não escreve sobre o discurso melancólico, escreve sobre o "paciente" melancólico ou, melhor dizendo, sobre o analisando melancólico. Todavia, retoma a tradição da Psiquiatria de aproximar a Melancolia da Paranoia e da Psicose pelo delírio de morbidez, mas anuncia algo que é a superação disso pelo Luto. Freud está trabalhando com suas fontes clássicas. O melhor exemplo de Melancolia é, de fato, medieval: é a *Ascédia*, na qual se fica em completo estado de êxtase, mas um estado de êxtase que imobiliza, porque se vai fazer uma transgressão divina, e a *Ascédia* é a morte. E o que é que suplantaria a *Ascédia*? O que veio muito antes na Grécia: o arrebatamento mágico de Helena. Então, Freud faz isso. Ele pega o luto baseado no arrebatamento de Helena e a Melancolia é baseada na *Ascédia*. Na tradição romântica dá-se o contrário: a heroína transgride a moral do casamento católico burguês, vai exercer a sexualidade antes ou fora do casamento, entra em decadência física, moral e financeira – e isso está presente tanto no Romantismo quanto no Realismo, no Naturalismo e, em homenagem a Flaubert, chama-se isso de Bovarismo – e ela vai "morrer de amor". Então, primeiro ela conhece o desejante e depois a morbidez. E em Freud é o contrário: primeiro se conhece a morbidez da perda do objeto de amor em quem se "cola", a *Ascédia*, e só depois se conhece o luto do arrebatamento. Porque para sair da *Ascédia* só por um arrebatamento. Por isso que Lacan é um fã de "Luto e Melancolia", já que é, também, fã do arrebatamento de Lol. V. Stein (Duras). Por isso que esses pensamentos são profundamente clássicos e, também, profundamente medievais, por mais absurdo que isso possa parecer.

Para concluir, lembro que é preciso acabar com essa "bobagem": que o Machado de Assis teria sido pessimista, melancólico em vida. Seu momento melancólico foi quando ele escreveu sobre a morte da mulher, mas o "Machadinho" não, pois o Sérgio Paulo Rouanet e a Silvia Eleutério estão pesquisando suas missivas para a Academia Brasileira de Letras, e o "Machadinho", nas cartas que mandava ao José de Alencar, que era o seu protetor literário – apesar de serem autores bem diferentes do ponto de vista estético, pois Machado era um crítico da estética romântica e para isso escreveu o "Instinto de Nacionalidade", e isso fez dele brasileiro –, apesar disso, ele escrevendo não só para os amigos, mas também para as coristas, mostrava-se até cômico, e isso "prova" que o "Machadinho" era extremamente "assanhado e irônico". Então, isto não "bate" com a imagem austera que se fazia do Machado como autor, do "bruxo do Cosme Velho", que cabe no Machado autor, mas não parece caber no Machado de "carne e osso" inteiramente.

Capítulo 8

A Sublimação

*Coordenação: Sandra Beck da Silva Etges**

Preliminarmente, gostaria de colocar que, trabalhando com clínica há 24 anos, toda a minha produção teórica sempre se deu a partir da mesma, ou seja, a partir de angústias e questionamentos que me remeteram ao estudo da teoria culminando inclusive na escrita de alguns trabalhos e artigos já publicados.

Já enviamos a síntese do conteúdo e a bibliografia sobre o assunto de hoje (ver anexos I e II). Faremos uma introdução e depois passaremos ao detalhamento.

A Sublimação é um conceito freudiano que é, ao mesmo tempo, clínico e extensivo. Freud classificou a Sublimação em três tipos: o primeiro estaria relacionado à inibição do sexual, o segundo à inibição do pensamento e o terceiro à gênese da Ciência e da Arte. Poderíamos dizer então que o primeiro tipo, referente à inibição do sexual, teria relação com a Neurose Obsessiva, porque o obsessivo colocaria a servidão no lugar do gozo, enquanto o segundo tipo, referente à inibição do pensamento, teria relação com a impotência própria do desejo de saber histérico, que gera inibição do pensamento e da capacidade de criar, uma vez que a Neurose Histérica tende a colocar o desejo de potência no lugar do gozo.

---

* Psicanalista, membro fundador do CEL/RS, diretora de eventos da Instituição e especialista em clínica pelo Conselho Regional de Psicologia, CRP-RS.

Os dois primeiros tipos são sinônimos parciais de repressão e, portanto, são complementares à Castração, não fazendo nem luto nem Sintoma. O terceiro tipo é mais raro, é de caráter extensivo e não clínico, e substitui a Castração: ou há Sublimação, ou há Castração. Esse tipo de Sublimação coloca a ideia ou o pensamento – o saber – no lugar do gozo, faz luto e faz Sintoma.

Então, retomando: os dois primeiros tipos seriam relacionados à clínica, por se referirem à inibição sexual e/ou à repressão inerentes à Neurose Obsessiva, ou à impotência relativa ao desejo de saber ou desejo insatisfeito da Neurose Histérica. O terceiro tipo, por sua vez, seria um conceito extensivo, porque viria no lugar da Castração e seria relativo, então, à gênese da Arte e da Ciência. A Sublimação, aqui, atuaria no lugar do recalque originário.

No que tange à Religião e à Pedagogia, poderíamos dizer que:

– a Sublimação seria alternativa em relação à Religião;

– a Sublimação opor-se-ia à Pedagogia, porque, para Freud, ensinar seria tarefa impossível, ao passo que criar seria possível (é óbvio que tal comparação não se aplica às relações entre Pedagogia socrática e pederastia ática).

– a Sublimação do terceiro tipo, conforme Lacan, contrapõe-se estruturalmente, quanto à contingência, à Pedagogia (em sentido estrito) e à Religião.

Para Antônio Sérgio Mendonça, a Psicanálise não deve resistir à Religião, porque a Religião seria a única coisa capaz de aplacar a angústia diante da inevitabilidade da morte. Conforme Lacan[1], a Fobia seria uma "sentinela avançada contra a angústia" e a Religião é contrafóbica, porque aplaca a angústia. Então a Religião teria o poder de fazer com que as pessoas não temam a morte e nem se angustiem com ela, pois coloca o místico no lugar da angústia e faz com que acreditem na própria imortalidade, uma vez que promete a vida eterna, para além da morte.

Isso nos remete ao caso divulgado na mídia recentemente da mãe de uma jovem, Eloá[2], que, surpreendentemente, perdoou publicamente o

---

[1] LACAN, Jacques. Livro 4. *A Relação de Objeto*. Rio de Janeiro, Jorge Zahar Ed., 1995.

[2] Jovem de 15 anos que foi tragicamente assassinada pelo namorado em seu apartamento em Santo André, interior de São Paulo, em outubro de 2008.

assassino da filha. Como perdoar convocaria a misericórdia divina, sendo, portanto, um tema cristão, essa misericórdia levaria à absolvição. Diante disso, a pergunta que não quer calar enquanto psicanalista é: qual desespero teria levado essa mãe a perdoar? Não nos cabe aqui responder, isso só poderia ser feito se a escutássemos, porém ela nos incita a pensar. De qualquer maneira, por provável identificação midiática, os jornais revelaram que as pessoas passaram, significativamente, a doar mais os órgãos dos familiares, assim como o fez a mãe da jovem. Poderíamos pensar então, se, somado à questão do espetáculo midiático que provoca identificação, não haveria também um caráter religioso nesse processo de doação de órgãos. E esse fato ilustra, de alguma maneira, o poder e a força da Religião.

Lacan já dizia, ao falar em Roma sobre esse tema, que a Religião triunfaria à Psicanálise e que para a Psicanálise não sucumbir ela deveria ser um Sintoma "na" e não "da" cultura. Então, cabe-nos refletir um pouco sobre o que significa ser um Sintoma na cultura, diferente dessa questão mística da Religião.

Esse procedimento da Religião é bem diferente da imortalidade sublimatória. Nesta última há perecimento, mas como diria, provavelmente, Hegel, permaneceria como *gheist*, como espírito, como autoria. A memória, para Freud, seria a indestrutibilidade do desejo; logo, se está na memória, não morre, perece. E, voltando ao caso da mãe de Eloá, ela, provavelmente, com essa atitude do perdão, tenta esquecer o fato. Porém, esquecendo, tirando da memória, não há como se fazer o luto.

A pequena imortalidade, e Freud fala disso num belo texto de 1915, "Nós e a Morte"[3], seria o sujeito contentar-se em ser reconhecido no mínimo pelos que o conheceram em vida: o vizinho, o colega de escola, os amigos e familiares, mas surgiria a angústia quando começassem a morrer as pessoas da sua geração. Já a grande imortalidade seria a suposição de ser reconhecido por todos, por pessoas que jamais o conheceram em vida, e isso somente se daria por Sublimação. Para se chegar a isso é preciso abster-se do sentido e da consistência egoica e ter a capacidade de suportar a angústia a

[3] FREUD, Sigmund (1915). Nós e a Morte. In: *Obras Completas*, vol. XIV. Rio de Janeiro, Imago Ed., 1969.

fim de poder canalizá-la para algo criativo, que é também a capacidade para conviver com faltas e elaborar lutos.

Uma obra criativa seria um Sintoma e também um luto (aqui estamos nos referindo ao terceiro tipo de Sublimação), depois veremos os exemplos. Já em relação à Pedagogia, ela supõe existir um modelo de saber que satisfaça o espírito humano, e Freud já dissera que ensinar seria impossível e não haveria, portanto, nenhum saber que satisfizesse o espírito humano. Por isso, poderíamos dizer que os objetos e os saberes se dialetizam, mas nunca se complementam. Tanto a Religião quanto a necessidade de uma visão idealizada de mundo ou de homem, típica da Pedagogia, tenderiam a aplacar a angústia e, para Freud, a angústia, como já falamos na abertura deste evento, sobrevém da impossibilidade de haver um objeto que satisfaça inteiramente o desejo humano. Não há, portanto, "pílula da felicidade" para a Psicanálise, nem saber universal que dê conta das incertezas e inquietudes próprias do sujeito humano, já que este tende a colocar nas pulsões a causa do mal-estar civilizatório.

Assim, somente a Sublimação elevaria o objeto causador da angústia à dignidade de Coisa sublime: a obra, portanto, tem o poder de imortalizar. Um exemplo dessa imortalidade foi citado pelo professor Antônio Sérgio na obra do nosso Machado de Assis, quando este escreveu um poema sobre a morte de Carolina (sua esposa): ele tem uma visão romântica da Melancolia, quer morrer junto com o objeto de amor, porque antes ele disse: "nós ganharemos o mundo!".

Também no domingo à noite, lendo a revista Veja desta semana, uma foto chamou-nos a atenção. O professor Antônio Sérgio havia referido que um ato político também poderia ter um efeito sublimatório e, nesta revista, há uma foto sobre o fenômeno Obama. A imagem consiste num bebedouro de água com duas torneiras com uma plaquinha indicando *white* e uma pia bem pequena indicando *color*. Abaixo da foto lê-se: "a segregação racial: bebedores separados no sul dos Estados Unidos nos anos 50 e um negro na Casa Branca agora: um exemplo de Sublimação". E, de fato, um presidente negro nos Estados Unidos não deixa de ser um ato político histórico que pode pôr fim a muitos preconceitos, porque um ato sublimatório teria mais força do que a lei contra a discriminação que, embora exista, não é cumprida. Além disso, o simples fato de existir tal lei também é discriminatório. Um ato põe um ponto final, não há o que questionar, o voto livre é democrático e promove inclusão.

Para Freud, em "A Questão da Análise Leiga"[4], a Psicanálise teria mais relação com a Literatura e as expressões artísticas do que propriamente com a Medicina. A Literatura foi considerada por Freud como o terreno onde o estranho, o *unheimlich*, apresentar-se-ia de forma privilegiada, como um convite ao descentramento do sujeito de que trata a Psicanálise. E poderíamos dizer que, para se elevar um objeto "à dignidade de Coisa", teríamos que nos defrontar com a angústia da indignidade daquele objeto, e isso seria pessoal, particular e intransferível. A Arte e a Ciência seriam, portanto, efeitos de Sublimação. O que queremos dizer é que uma criação ocorre sempre em razão de algum incômodo, ou seja, criar algo não é um ato gratuito.

Introduzido o assunto, tentaremos definir mais detalhadamente os conceitos abordados até o momento.

Retomando o que o professor nos apresentou, Sublimação é a operação significante pela qual um objeto seria elevado "à dignidade de Coisa" através da interrupção precoce ou em curso, parcial ou integral, do circuito pulsional ao se colocar, no lugar de objeto da pulsão, a idealização da Coisa, *das Ding*; ou seja, a idealização daquele objeto perdido para sempre, do qual já falamos diversas vezes aqui, que é o *das Ding* freudiano de que fala Freud no "Projeto", que seria sinônimo de Bem Supremo, de total completude.

Interrompe-se então o circuito pulsional e se coloca, nesse lugar, a idealização desse objeto, uma imaginarização desse objeto. Trata-se de imaterializar o desejo substituindo-o, ora pela inibição sexual ou de pensamento, ora pelo próprio pensamento. Para tal, Freud recorrerá diretamente aos "Três Ensaios sobre a Teoria da Sexualidade"[5] de 1905, ao "Leonardo da Vinci e uma Lembrança de sua Infância"[6] de 1910, e também ao texto sobre "O Moisés de Michelangelo"[7] de 1914.

---

4 FREUD, Sigmund (1926). A Questão da Análise Leiga. In: *Obras Completas*, vol. XX. Rio de Janeiro, Imago Ed., 1969.

5 FREUD, Sigmund (1905). Três ensaios sobre a teoria da sexualidade. In: *Obras Completas*, vol. VII. Rio de Janeiro, Imago Ed., 1969.

6 Idem, (1910). Leonardo da Vinci e uma lembrança de sua infância. In: *Obras Completas*, vol. XI. Rio de Janeiro, Imago Ed., 1969.

7 Idem, (1914). O Moisés de Michelangelo. In: *Obras Completas*, vol. XIII. Rio de Janeiro, Imago Ed., 1969.

No primeiro texto, ele produzirá a tipificação da Sublimação em três tipos; no segundo texto, sobre Leonardo da Vinci, ele irá definir com todas as características o terceiro tipo de Sublimação, no qual se daria a interrupção por completo do circuito pulsional de forma precoce. O primeiro tipo interromperia o circuito pulsional *a posteriori*, ou seja, haveria uma interrupção do referido circuito no decorrer da vida do Sujeito, que se inibiria falicamente. No segundo tipo, há uma interrupção em andamento, é uma coisa progressiva, o sujeito vai-se dando conta de que ele só reproduz, mas não consegue criar. É por isso que esses dois tipos teriam a ver com as Neuroses, porque são inibições, remeteriam, pois, à Repressão. No terceiro tipo, a interrupção do circuito pulsional dar-se-ia na origem; logo, seria Sublimação ou Castração, o sujeito seria criativo desde sempre.

Freud verá a Sublimação como gênese do artístico a partir do texto de Leonardo da Vinci e, devido à importância de sua vida e de sua obra, vai tipificá-la como própria da Ciência e da Arte. Isso irá, como fonte de pensamento em Lacan, levá-lo, também, ao Galileu quando lido por Panofsky e Koyré, e a ver lógica (Sublimatória) análoga entre a Arte e a Ciência (ao contrário da tradição Romântica), para ser tido como o "Lacan do Classicismo" que é conhecido pelo dístico "o inconsciente tem como condição a linguagem".

Quanto ao texto sobre "O Moisés de Michelangelo", que é de 1914, este texto será responsável pela relação do artista e da obra com o caráter endogênico da sua gênese artística, sendo, portanto, de importância secundária e paralela, pois é posterior ao de Leonardo da Vinci e ele não conceitua Sublimação ali, apenas mostra esse caráter endogênico. Endogênico, a saber, seria o que vem de dentro da obra, o estatuto da forma, e isso é moderno. Freud estaria preocupado em mostrar que a forma que o Michelangelo deu ao Moisés no Renascimento seria diferente do Moisés medieval de Nicolas de Verdum (século XII), ou seja, mais de três séculos antes da obra feita por Michelangelo (1475-1564). Para maiores informações, confrontar com pós-escrito de 1927 no texto sobre "O Moisés de Michelangelo". A forma, portanto, traduziria o modo como o autor absorvia o sentimento de época. Em relação à Sublimação, o que ele estaria querendo desvendar seria por que aquilo que está ali remeteria ao modo de encarar a Religião no Renascimento, e ele escreveu, treze anos depois, que tinha razão: Nicolas de Verdum retratou o Moisés de acordo com o modo de perceber a figura religiosa na Idade Média, porque havia ali em questão um outro Deus. O Deus medieval seria muito próximo do Deus judeu, porque traduziria a desgraça no presente. A propósito, a Inquisição era isso. Já o Deus do Renascimento seria o Deus do *Religare*, seria o Deus Cristão de Roma, e Moisés seria o porta-voz da Tábua das Leis de Deus. A inquietude do homem da Renascença seria intelectual, enquanto o tormento do homem submetido à Idade Média seria também físico. (Observemos as imagens de ambos no texto de Freud[8]).

Segundo o que encontramos em Freud, Nicolas de Verdum estaria retratando, através de sua escultura, o exato momento em que Moisés desce do Monte com a Tábua das Leis de Deus e se defronta com o povo festejando o bezerro de ouro – ele teria então uma postura hesitante, pela posição do pé observa-se que ele está pronto para se levantar e pensando como vai enfrentar aquele povo em festa pelo bezerro de ouro. E Freud ainda salienta, em "O Moisés de Michelangelo" (1914), as diferenças no imaginário da época relativas à Religião.

Ao texto de 1926, "Inibição, Sintoma e Angústia"[9], Freud atribui o primeiro tipo de Sublimação, próprio da inibição sexual, ou seja, da repressão do sexual que seria equivalente ao Mito do Amor, que colocaria o objeto nesse lugar sublime e inatingível, configurando, com esse movimento, a impotência. Isso compareceria na frustração obsessiva, porque é esse lugar de mulher sublime que o neurótico obsessivo dá à mãe ou ao Desejo de Mãe. Ou seja, o neurótico obsessivo coloca a mãe extremamente idealizada, e ele tendo sempre que corresponder ao desejo dessa mãe em detrimento do seu próprio desejo e abrindo mão da sua falicidade sexual.

Assim sendo, conforme Freud, o primeiro tipo de Sublimação é denominado de comparecimento compulsivo da Sublimação na Obsessão e tido como equivalente à inibição sexual. Ou seja, a Sublimação complementaria a Castração, porque interromperia o circuito pulsional *a posteriori*. Exemplo desse tipo de Sublimação seria encontrado, extensivamente, no personagem Bentinho de Machado de Assis e em Hamlet.

---

8 FREUD, Sigmund (1914). O Moisés de Michelangelo. In: *Obras Completas*, vol. XIII. Rio de Janeiro, Imago Ed., 1969.

9 Idem, (1926). Inibição, Sintoma e Angústia. In: *Obras Completas*, vol. XX. Rio de Janeiro, Imago Ed., 1969.

Bentinho, diante do arrebatamento provocado por Capitu e seus "olhos de ressaca", identificado ao Desejo de Mãe que o condenava à homossexualidade, porque era destinado a ser padre (ao celibato, a abster-se das mulheres), trai o Desejo de Mãe e jamais perdoa Capitu por tê-lo arrebatado dessa maneira. Então o que ele vai fazer? Ele vai atribuir o produto fálico da relação a dois com Capitu ao seu oponente Escobar. Com isso, ele cede sobre o seu desejo, mas mantém o Desejo de Mãe idealizado. Na verdade, ele fica "brabo" por desejar. Em termos clínicos, devemos indagar o que ele perderia desejando. Ele não consegue admitir que ganhe alguma coisa, pois considera muito mais o que perderia por estar frustrando o Desejo de Mãe e culpa-se por desejar, conforme leitura do professor Antônio Sérgio em "Bovarismo e Paixão"[10].

Outro exemplo seria Hamlet, que, por saber, não agia e cedia sobre o seu desejo por Ofélia. Os obsessivos estão sempre abrindo mão do desejo, interrompendo o desejo em curso, assim como os personagens citados, seja para transformar Capitu em adúltera depois de morta, seja para ser odiado por Ofélia e fracassar, oferecendo as entranhas como dom na vingança do pai.

Oferecer as entranhas como dom a outrem é bem típico do obsessivo. Ele faz dano corporal, coloca a servidão, o dilaceramento corporal no lugar do gozo para não dar lugar ao seu desejo, isso conforme a leitura de seu "desgarramento ôntico" feita por Lacan em *O Desejo e sua Interpretação*[11].

O obsessivo e a histérica, ambos padecem de masoquismo moral. O obsessivo coloca o desejo de morte associado à abstenção do próprio desejo e a histérica coloca o desejo de saber associado ao desejo insatisfeito. O obsessivo, portanto, odeia o desejo porque supõe que a morte o requer, não conseguindo dar lugar ao mesmo e se mantendo fiel ao Desejo de Mãe. E a histérica odeia a morte porque supõe que o desejo a requer: ela se supõe sempre requisitada pelo desejo. Logo, se a neurose complementa a Castração, esse tipo de Sublimação qualificaria o lugar de objeto na Neurose Obsessiva, já que a inibição tem valor de Sintoma, ou seja, para

---

[10] MENDONÇA, Antônio Sérgio. O Bovarismo e a Dissolução Machadiana. In: *Bovarismo & Paixão*. Rio de Janeiro, Antares Ed., 1992.

[11] LACAN, Jacques (1959). Livro 6. *O Desejo e sua Interpretação*. Inédito.

que o recalque se complete convoca-se a repressão sexual sob a forma de inibição, também sexual, face ao objeto idealizado. O neurótico obsessivo converte a Castração em frustração e, consequentemente, o Sintoma em inibição. Ele odeia o desejo e dedica-se ao *Mito Individual do Neurótico*[12], expressão utilizada por Lacan, inclusive para intitular um de seus textos, que se traduz na obediência ao imaginário do Desejo de Mãe, detentor, aqui, do lugar sublime. O Pai Ideal seria convertido em denegrido e então ele inibe-se falicamente, e isso é dissimulado por sua fantasia: ele lança-se à paixão pelo objeto impossível, e isso seria equivalente ao "Mito do Amor" na suposição de buscar o objeto de desejo no âmbito egoico, mas também o odeia por desejá-lo, e isso o faz mítico. Então ele vive nessa dissociação entre o "Ser" e o "não Ser", do Hamlet, e entre mulheres para se amar e mulheres para se gozar. E, na verdade, a cura dele seria uma terceira mulher: nem a sublime, nem a "puta", uma terceira mulher que o levaria à marca da heterossexualidade, que o tirasse do lugar de filho e do lugar de "sacana", na direção de ele poder ser um homem diante de uma mulher, já que a tomaria como Sintoma.

Já o segundo tipo de Sublimação denominar-se-á de inibição própria do pensamento. Trata-se não de uma interrupção precoce, mas em andamento, em curso, e nela o circuito pulsional seria substituído pela ideia, imagem ou pensamento com valor de "dignidade de Coisa". Se no primeiro tipo tínhamos a inibição sexual, no segundo tipo teremos a inibição de pensamento: intelectual e/ou de saber. Também seria da ordem da impotência relativa ao desejo insatisfeito ou desejo de saber, que seria da ordem da Neurose Histérica e, por isso, provocaria angústia. Caracteriza-se por uma repressão ao pensamento, ou seja, o sujeito seria incapaz de criar e capaz, apenas, de repetir.

A propósito do tema, a psicanalista Rita Franci Mendonça, em recente Congresso no Rio de Janeiro, trouxe-nos como exemplo desse tipo de Sublimação o personagem Romão Pires, do conto "Cantiga de Esponsais", de Machado de Assis. Ali, o mestre Romão não conseguia compor, só tocar. Embora fosse excelente músico e conhecido por todos, não conseguia criar.

---

[12] Idem. *O Mito Individual do Neurótico*. Lisboa, Assírio e Alvim Ed., 1987, edição 124.

Diante dessa impotência, melancoliza-se, sua mulher morre e ele acaba também morrendo.

O primeiro e o segundo tipos complementam a Castração por estenderem o recalque até a inibição, mas não fazem luto, ou seja, enquanto a neurose for vigente eles vão comparecer como inibição e/ou impotência. Já o luto propiciaria a cura da neurose. Enquanto neuróticos, eles viram personagens de estórias, viram cantigas de amor, como a questão do objeto idealizado do amor, presente na literatura romântica. O segundo tipo se caracteriza pela Sublimação da pulsão propriamente dita e, portanto, é o tipo mais óbvio de Sublimação.

Já o terceiro tipo, mais raro, é substitutivo à Castração, pois, para Freud, seria Sublimação ou Castração. Para Lacan seria alternativo em relação à Transferência. Nele, o circuito pulsional não seria interrompido *a posteriori* como no primeiro tipo freudiano, nem em andamento como no segundo caso. Ele seria precocemente interrompido. Logo, é o tipo mais raro e comparece no próprio lugar do recalque originário. Liga-se ao que Freud denominou de "a poderosa pulsão de pesquisa" e é responsável pela gênese da Arte e da Ciência. Nesse sentido, poderíamos dizer que o texto sobre Michelangelo complementaria o texto sobre Leonardo da Vinci, ou seja, fundiria exogenia (mentalidade) e endogenia (inibição sexual). Nele inquire-se o estatuto endogênico e o tempo dessa gênese. Então Leonardo da Vinci e "Moisés de Michelangelo" seriam os modelos desse terceiro tipo de Sublimação para Freud. Neles, o circuito pulsional seria interrompido na origem para colocarem-se ali, com valor de "dignidade de Coisa", as diversas formas de pensamento. Logo, se o segundo tipo inibe o pensamento, esse terceiro tipo daria lugar ao mesmo, seja como ideia, saber ou beleza estética.

Retomemos um pouco esses três tipos de Sublimação:

– caso não se conseguisse gozar falicamente, isso daria conta do primeiro tipo de Sublimação: interrupção *a posteriori* do circuito pulsional;

– caso não se conseguisse escrever um trabalho ou criar alguma coisa, isso corresponderia à inibição de pensamento, ideia e/ou saber. Seria uma inibição em andamento do circuito pulsional;

– tudo que tivesse a ver com a Arte e com a Ciência e não fosse próprio da Pedagogia seria, por seu turno, Sublimação equivalente ao terceiro tipo, no qual haveria uma interrupção precoce do circuito pulsional.

Outro dia li alguns artigos que falavam do Win Wenders, cineasta alemão que esteve em Porto Alegre no "Fronteiras do Pensamento"[13] e, conforme o que foi divulgado na mídia, defendeu o cinema que se faz com ideias e criatividade, mesmo com baixo orçamento, contrariando o dogma do dinheiro como valor estético supremo. Wenders afirmou que a Arte pode e deve ser mais forte do que a vontade de ganhar dinheiro. Ele disse: "Nos Estados Unidos, quase se prescinde do criador. Quem manda é o produto. Quanto mais dinheiro menos liberdade para criar e dizer o que se pensa. Terrível paradoxo da sociedade do espetáculo, na qual os meios aniquilam os fins". E disse mais: "artista é aquele que não se contenta em satisfazer o gosto do freguês".

Também o filme "A Vida dos Outros", escrito e dirigido por Florian Henckel von Donnersmarck, traz um bom exemplo: ali, na Berlim Oriental de 1984, por uma questão de poder do Estado, os artistas precisaram vender o corpo e a saúde psíquica para preservarem a sua obra, e muitos acabavam suicidando-se. O que podemos refletir sobre isso é que não se faz Arte por encomenda. A Arte é uma finalidade sem fim, ela (só) é feita para gozar com a ideia.

Retomando, tanto Wenders como von Donnersmarck exemplificam, portanto, o terceiro tipo de Sublimação, o da interrupção precoce do circuito pulsional que produz a obra com valor de Sintoma. Ou seja, em vez de produzir um Sintoma no sentido psicanalítico, um traço desejante singular, quem atua desse modo é a obra criada. Em vez de se reproduzir a obra como no segundo tipo, em vez de se dar à Repetição o valor de recalque, se produz a obra.

No seminário *A Relação de Objeto*[14], Lacan apresenta Leonardo da Vinci como o modelo mais típico deste terceiro tipo de Sublimação. Ali seria uma Sublimação na origem criando o pensamento, na qual se amaria o verdadeiro amor. Seria colocar a ideia no lugar do gozo desde a origem.

---

[13] Seminário internacional em forma de curso de altos estudos, onde são reunidos intelectuais da cena mundial contemporânea para debater assuntos como cultura, arte, pensamento e linguagem, realizado na cidade de Porto Alegre, RS.

[14] LACAN, Jacques (1956/1957). Livro 4. *A Relação de Objeto*. Rio de Janeiro, Jorge Zahar Ed., 1995.

Leonardo da Vinci captou a mentalidade sublimatória da Arte e da Ciência do século XVI, na qual pôde pintar as duas mães e assim interromper uma questão perversa fetichista, ou seja, ele pôs a ideia com valor de Coisa – a obra de arte – no lugar do gozo. Dessa forma, a obra de arte comparece no lugar do recalque. Racionalizar, nesse sentido, seria sublimar, ou seja, aquilo que da libido não vira circuito pulsional, vira ideia. É esse raciocínio de Freud que Lacan mostra ser possível em Leonardo da Vinci.

Conforme o professor Antônio Sérgio Mendonça, as fontes de Lacan sobre o Leonardo da Vinci seriam muito superiores às de Freud. Freud fez uma leitura da obra de Leonardo da Vinci sem se dar conta de que o pássaro da lembrança de infância do Leonardo seria o milhafre e não enfatizou a questão das duas mães. Ele fala em abutre, dizendo ser equivalente a *Mut*, ou seja, os egípcios veneravam uma deusa mãe que era representada com várias cabeças, das quais pelo menos uma era abutre. E Freud pergunta-se sobre a semelhança com a palavra *mutter* (mãe), se seria mera coincidência.

Lacan, no seminário *A Relação de Objeto,* diz-nos que Freud se enganara: não era o abutre e sim o milhafre que serviria à deusa *Mut*, e disse também que Freud não enfatizara a questão das duas mães. Leonardo pintou as duas mães no quadro "Sant'ana, a Virgem e o Menino" (1508-1510), que está no museu do Louvre, em Paris, e, com isso, ele teria sublimado, conforme Lacan, a questão fetichista da duplicidade materna. Uma das mães pintadas seria a mãe da Santíssima Trindade e a outra, a avó da Santíssima Trindade. Assim, em vez de ele ter mais de duas mulheres, como Don Juan, teria duas mães.

Então, Leonardo da Vinci dedicou-se à Sublimação em vida, ou seja, fez uma interrupção precoce do circuito pulsional e produziu a obra com valor de Sintoma.

E, mais ainda, ser cria de um milhafre implicaria em ter mãe, mas não em ter pai, porque havia uma lenda na antiguidade que pregava ser o milhafre uma ave hermafrodita, que seria fecundada pelo vento e, portanto, não teria pai.

Leonardo da Vinci teria passado os primeiros anos de sua vida ao lado da mãe biológica, pobre e abandonada, e, assim, teve tempo de sentir a ausência do pai. No ano em que ele nasceu, seu pai casou-se novamente e só após cinco anos, diante da impossibilidade de ter filhos com a segunda esposa, Leonardo teria sido adotado por ele como filho ilegítimo. Poderíamos dizer que ele teve um abandono paterno e, ao mesmo tempo, uma duplicidade materna. Então ele pinta o quadro com as duas mães e, com isso, sublimatoriamente, teve condições de fazer luto dessas questões. Conforme se observa o quadro, as pernas de Sant'ana podem também ser as pernas de Maria. Há, de fato, na figura das duas mães, uma duplicidade materna.

Segundo Freud, o recalque não funcionaria totalmente e o que escaparia ao recalque seria o renegado; para supri-lo, poder-se-ia lançar mão da Sublimação. Em Lacan, a Sublimação do terceiro tipo estaria no lugar do recalque, porque, desde a origem, em vez de se recalcar, sublima-se. Logo, ela seria substitutiva à Castração e seria também uma forma de amor, da ordem do imaginário do amor, equivalente ao amor pelo próprio amor, o que seria diferente do amor pela verdade, que daria conta da Transferência.

Conforme o *L'Etourdit*, que é um texto de *Outros Escritos*[15], esse lugar sublime é dado à dama como o discurso da pessoa e/ou sujeita do amor, e, no seminário *O Desejo e sua Interpretação*[16], é dado à anamorfose quando própria de Velásquez. Também no seminário sobre *A Transferência*[17] e no seminário sobre *O Sinthoma*[18], a Sublimação terá valor análogo ao da Transferência, por gerar um efeito sintomático singular.

Lacan igualmente refere-se ao primeiro tipo freudiano, no seminário *A Relação de Objeto*[19], identificando-o ao ideal medieval e romântico do "Mito do Amor Cortês", porque ali é assexualizada e idealizada como inatingível a figura da mulher. Trata-se de Petrarca, de Dante e Beatriz, sobretudo do amor cortês provençal. Ele teria visto no referido "Mito do Amor Cortês" a Sublimação como uma das formas de definição de Amor e vai denominá-la como forma imaginária de idealização do amor conforme consta no seminário *Os Nomes do Pai*[20]. Mas, em relação à clínica, essa forma imaginária de idealização do amor também compareceria na simbolização do Desejo de Mãe na frustração obsessiva, conforme o mesmo seminário.

---

15 LACAN, Jacques. *Outros Escritos.* Rio de Janeiro, Jorge Zahar Ed., 2004.
16 Idem, (1959). Livro 6. *O Desejo e sua Interpretação.* Inédito.
17 Idem, (1960/1961). Livro 8. *A Transferência.* Rio de Janeiro, Jorge Zahar Ed., 1992.
18 Idem, (1975/1976). Livro 23. *O Sinthoma.* Rio de Janeiro, Jorge Zahar Ed., 2007.
19 Idem, (1956/1957). Livro 4. *A Relação de Objeto.* Rio de Janeiro, Jorge Zahar Ed., 1995.
20 Idem, (1963). *Os Nomes do Pai.* Rio de Janeiro, Jorge Zahar Ed., 2005.

O "Mito do Amor" seria, então, apenas um tipo de Amor Cortês, conforme é apresentado na cantiga do amigo de natureza provençal, indicando a concepção de amor de Ovídio em "A Arte de Amar" e tendo Petrarca como fonte. Outro tipo seria o Amor Cortês de natureza galego-portuguesa e de presença também castelhana na novela da cavalaria, remontando a uma origem bretã e celta, que equivaleria à presença helênica de amor, heterossexual quando significa amar as mulheres, e também perversa quando designa o homoerotismo masculino na pederastia ática. Lá também seria sublimatório quando equivalente ao Amor Cortês, porque apresentaria a beleza como precondição da sexualidade, conforme o seminário *A Transferência*.

A pederastia ática, portanto, não equivalia à homossexualidade no sentido estrito e/ou paranoico, e sim à beleza como autorização para aquilo que chamamos hoje de homoerotismo, fundindo-se, como na mentalidade épica, *Gnosis* (saber) e *Eros* (beleza), correspondendo ao grupo ático dos seletos, o qual envolveria a nobreza, a beleza e o saber.

Naquela época, ser fiel ao rei implicava em abrir mão das mulheres. Era isso que tornava esse voto homossexual. O Amor Cortês surgiria para suprir essa situação, porque a fidelidade ao rei, que obrigava o respeito do cavaleiro à dama, mantendo-a então como intocável e inatingível, não funcionava do lado das mulheres, que seduziam o cavaleiro. Nesse caso, segundo Lacan, teríamos o Discurso do Mestre, no qual a dama seria a sujeita do amor, ou seja, através da sedução da dama (como na Antiguidade Clássica, a estória de Helena, que toma uma poção e fica possuída pelo desejo) ao cavaleiro estaria recomposta a paternidade do cavaleiro e ele se tornaria, então, um heterossexual: o que ama as mulheres. Um bom exemplo disso é a novela galego-portuguesa Amadis de Gaula. Isso é o discurso da "fealidade" como mestria.

Então o "Mito do Amor" se presta tanto para a Sublimação no Romantismo como para essa questão da heterossexualidade galego-portuguesa do cavaleiro.

Já a anamorfose, embora aparentemente ligada à produção artística, por ser literalmente deformação da imagem, não deixa de ser um tipo de inibição própria do pensamento. Por essa razão, no seminário *A Ética da Psi-*

canálise[21], Lacan a conjugou como uma forma de Sublimação. Mas, quando incorporada à obra de arte em Brugel, Picasso ou Velásquez, por exemplo, sem dúvida passaria a ser relacionada ao terceiro tipo de Sublimação.

Vamos tentar explicar isso melhor: qualquer figura de anamorfose não seria uma obra de arte, mas já seria uma inibição própria do pensamento, como por exemplo: o sujeito foi pintar uma figura e não conseguiu. Agora, quando isso fosse incorporado com valor estético numa obra de arte, daria conta, conforme Lacan, do terceiro tipo de Sublimação. O nosso grande exemplo disso seria o quadro *As Meninas*, de Velásquez.

Michael Foucault, referindo-se a esse quadro, na introdução de *As Palavras e as Coisas*[22], disse que ali havia uma representação da representação. Lacan, por sua vez, disse que seria muito mais, pois esse quadro mostraria a borromeaneidade do objeto *a*. Então, dependendo do olhar, vê-se um quadro: as meninas são pintadas com a anamorfose da anã, conforme se pode conferir na pintura. Para o espectador e sua posição de objeto imaginário, que é egoica, o que foi, de fato, pintado, apareceria em torção no espelho: o rei e a rainha. O espelho reflete a figura que está sendo pintada na tela, que não é a da identificação egoica, uma vez que o rei e a rainha que ele está pintando não aparecem no quadro. O que aparece deles seria só a imagem da tela refletida no espelho. Já o ministro, que está na escada, veria o não visível como contingente: trata-se do que os outros suporiam atravessar como objeto causa de desejo. Seria o simbólico, que é contingente, e o espectador estaria no plano imaginário. E o pintor-autor, de soslaio (reparemos que ele dirige um olho para o espectador e o outro para a tela), vê o que foi pintado, mas dissimula ao olhar também do espectador. Trata-se da inclusão da exclusão, só que sem nada mostrar: ele entrelaça o Real (que seria a imagem no espelho), o Simbólico (que seria a visão do ministro) e o Imaginário (que seria o espectador). Isso é que é Sintoma para a Psicanálise.

Dessa forma, podemos dizer com Lacan que, para a Psicanálise triunfar, por diferença da Religião, ela precisaria fazer Sintoma. Mas esse tipo

---

21 LACAN, Jacques (1959/1960). Livro 7. *A Ética da Psicanálise*. Rio de Janeiro, Jorge Zahar Ed., 1991.

22 FOUCAULT, Michel. *As Palavras e as Coisas*. 3 ed. São Paulo: Martins Fontes, 1985.

de Sintoma, um Sintoma borromeano, envolveria o registro do Real, do Simbólico e do Imaginário. Isso daria conta de uma abstração e também de uma criação; portanto, de uma autoria. Seria fazer um Sintoma na cultura e não da cultura. Para que isso aconteça, há que se fazer uma diferença, e isso é ser Sintoma: fazer diferença simbólica.

Sintoma na cultura seria intervir nela de uma maneira borromeana, que envolvesse o registro do Real, o registro do Simbólico e o registro do Imaginário, fazendo um Sintoma que causasse efeitos não egoicos, nem consumistas, nem rivalizantes; um efeito que, por si só, simbolizasse o Imaginário. E, criando esse Sintoma, o autor se aproximaria do Discurso do Mestre, por ser produto da autoria da própria palavra.

A partir do espelho – não imaginário mas semblante do virtual (nele surgiria o que foi supostamente pintado) –, Lacan dedica-se a refletir sobre o objeto que nomeará como não mais que uma letra, o objeto *a,* como saber suposto sujeito, da ordem do Real, portanto. Sobre esse objeto a psicanalista Tânia Rivera[23], em artigo à revista CULT nos diz:

> Tal objeto se extrai radicalmente do campo do Imaginário. Concebê-lo seria um desafio, mas, para tanto, seria necessário imaginá-lo – ele nos obriga, portanto, como diz o psicanalista no Seminário 10 (*A Angústia*), a um outro modo de imaginarização. Esse objeto rasga o espelho, a tela ilusionista onde o eu se pinta como centro do olhar, como um espinho incômodo, faz um rasgo imaginário, forçando-o a se revirar e deixar entrever o Real, registro do que não se simboliza (p. 52).

Ora, para Lacan, o objeto primordial da pulsão é, desde sempre, perdido, é a Coisa, *das Ding,* sempre buscada, mas nunca reencontrada como tal, não podemos sequer imaginá-la. Temos acesso, apenas, em nossa atividade desejante, a seus substitutos, meras ruínas, os objetos que fugazmente parecem tomar o seu lugar. A Sublimação consistiria, então, na operação significante pela qual um objeto seria elevado "à dignidade de Coisa".

A psicanalista no já citado artigo acrescenta que:

---

[23] RIVERA, Tânia, Estética e Descentramento do Sujeito, in Revista CULT, nº 125, ano 11.

A um primeiro olhar, essa famosa fórmula pode parecer referir-se à arte clássica e às quimeras estéticas de um Belo harmonioso. Mas Lacan mostra o avesso dessa idealização. A Coisa é pura perda, seu lugar é um vazio, seu modelo é o vaso, objeto que só se define por contornar um oco. Elevar algo a esta (in)dignidade comporta portanto uma terrível ameaça. O quadro "Os Embaixadores", de Holbein (que está na capa de Seminário XI), serve a Lacan de modelo no uso que é aí feito da anamorfose, o *trompe l'oeil* construído pelo uso deformado da perspectiva. Ao lado de elementos representando o mais alto refinamento cultural, acha-se nessa pintura um objeto alongado que não deixa de evocar um falo em ereção. É apenas ao olharmos o quadro de viés que tal objeto transforma-se em uma caveira (p. 51).

Esse quadro, pela anamorfose, representa bem essa invasão do Real, essa "(in)dignidade" da Coisa que assola e que causaria até uma certa desconstrução, pois, conforme a autora, no mesmo artigo: "O sublime estaria ligado a uma pungente revelação: a tal dignidade da Coisa não é, de forma alguma, apaziguadora, mas nos joga na cara nossa frágil e violenta condição humana. Lacan acentua assim o que a estética do romantismo europeu já apontava ao mesclar o Belo ao Terrível" (p. 51).

Como se vê, embora Freud tenha conceituado a Sublimação, Lacan amplia bastante o seu universo conceitual. No seminário 23, *O Sinthoma*, Lacan trata da Santidade usando a obra de Joyce como exemplo desse terceiro tipo de Sublimação. A obra de Joyce teria valor sintomático porque equivaleria à heresia (e herético é sinônimo de não-ortodoxo) como forma de recomposição nominal da paternidade. Joyce tinha um problema de vulnerabilidade com a imago paterna, porque seu pai foi considerado bêbado e traidor por ter sido discípulo de Farnel. Joyce é o nome de seu pai, e ele, James, consegue reconhecimento público no final de sua vida, nas suas três últimas obras. Antes, ele chegou a querer rasgar *O Retrato de um Artista enquanto Jovem* por falta desse reconhecimento e, quando publica o seu *Ulisses*, a história de Stephen Hero, que se passa em Dublin em um só dia, essa obra consagra-o em vida e ele diz que a universidade levaria trezentos anos estudando Joyce. Isso permitiu que ele tivesse um restabelecimento egoico, fosse reconhecido em vida, o que recompôs a sua questão da paternidade, porque não seria mais filho de a, b, ou c, o outro (John) é que passaria a ser reconhecido como "o pai de Joyce". Isso é o que Lacan denomina de caminho herético-sintomático, ou seja, em vez de o nome de família ser transmitido de pai para filho, como de costume, em Joyce ocorreu o caminho inverso: de filho para pai. E aí ele escreve uma obra ilegível chamada *Os Caminhos de Finnegans* (o *Finnegans Wake*), que, segundo ele, seria ilegível e intraduzível. Nela se estabeleceria a teoria da Santidade. Tal categoria caracterizaria o Sinthoma na ordem do Saber (Gozo do Outro) como "a tradução em palavras do gozo que no Real há", resposta simbólica à permanente possibilidade de o Real foracluir o Sentido. Desta forma, a Santidade poderia evitar uma questão psicótica, que foi o que aconteceu com Joyce.

Então, para concluir, temos com Lacan o imaginário do amor que é a paixão, que é da ordem da impotência; em seguida, a forma imaginária da idealização do simbolismo do amor, que é o "Mito do Amor" presente no primeiro tipo de Sublimação visto ser Inibição. Nesse caso, tomaria a forma de "Mito Individual do Neurótico". Porém, no terceiro caso, o Amor Cortês se articularia com a heterossexualidade ou amor pelas mulheres e se inseriria na obra de Arte medieval. Temos então o Amor pelo Verdadeiro Amor, que é a Sublimação estética presente tanto na obra de arte quanto na pré-qualificação da pederastia ática, que era uma reunião de beleza e saber, o que seria diferente do Amor pela Verdade, que seria a Transferência para Freud e para Lacan. Embora o Amor pelo Verdadeiro Amor, que é Sublimação, quando articulado à Santidade, possa produzir, como em Joyce, efeito análogo.

Portanto, o amor, seja transferencial, seja sublimatório, pode vir suprir a inexistência da relação sexual. O professor Antônio Sérgio Mendonça[24] em texto publicado na Revista *A Transmissão nº 9* diz que:

> Se o amor é o que vem em suplência à inexistência da relação sexual, esta é suprida ora pela Verdade, e aí é Sublimação, ora pela suposição de saber, e aí é Transferência, ora pela representação do objeto impossível enquanto

[24] MENDONÇA, Antônio Sérgio. A Linguagem, a Arte e o Real. In: Revista *A Transmissão*, Ano 8, 2000, nº 9, p. 100.

> morto, que seria a alegoria barroca, ora pelo não abrir mão do próprio desejo que daria conta da tragédia ática, ora pela paixão que seria Histeria, ora pelo amor pelas mulheres que seria a heterossexualidade (p. 100).

Não poderá haver Sublimação em três tipos de ocorrências clínicas: na Perversão, na Psicose, nem na Melancolia. Não há Sublimação na Perversão, porque lá não se suspende o circuito pulsional, uma vez que há obrigação de gozo fálico; na Psicose, porque não há circuito pulsional, há erotomania, então não há o que suspender, e na Melancolia, porque ali há uma interrupção momentânea do circuito pulsional, de caráter mórbido e que, a juízo de Freud, seria reparada pelo luto e não pela criação de arte. Então, por que o melancólico não sublima? Porque ele, momentaneamente, ocupa o lugar de "morto em vida", ele se identifica (colando-se) com o objeto morto e/ou perdido, e isso é diferente da angústia que inquieta e leva à criação. O melancólico fica no lugar de morto, desfalicizado; logo, não há o que interromper.

Em relação à Psicose, quando em experiência de estágio no Hospital Psiquiátrico São Pedro, existia uma atividade chamada arte-terapia e acreditavam os psicólogos que tal procedimento poderia ter uma finalidade curativa, porque os pacientes expressariam o inconsciente ali. Ora, Arte supõe autoria, pensamento; para criar há que se produzir um significante novo. É comum se ouvir comentários sobre consagrados artistas, dizendo que foram psicóticos. Não se pode dizer, impunemente, uma coisa dessas, porque se eles produziram uma obra foi porque houve um pensamento. Se houve um pensamento, é porque houve inconsciente e, se houve inconsciente, não há Psicose. Só se é onde não se está. Afirmar, portanto, que existe inconsciente equivale a dizer: isto pensa e, se há pensamento, há possibilidade de sintomatizar.

Então, o que vale ressaltar é que "nem tudo o que é desenhado é arte", e só faz arte quem tem capacidade para sublimar. E, na Psicose, justamente, o que está prejudicado, truncado, é o pensamento, porque ele põe o delírio em seu lugar e o expressa pela linguagem dos "embutidos" semânticos.

A maioria dos grandes artistas só foi reconhecida depois de morta.

Em termos de moderno, é possível lembrar Marcel Duchamp: ele tomava os objetos popularmente conhecidos, como uma roda de bicicleta, um vaso sanitário, mas os usava de tal maneira que criava um novo significante. Isso seria um exemplo de moderno em obra, tratava-se de um "ready-made". Entronizar o improvável.

Esperamos ter colaborado para uma melhor compreensão do assunto explanado pelo professor Antônio Sérgio. Boa noite a todos.

ANEXO I:

– Arte e Ciência: são produtos, consequência de Sublimação.
– A Psicanálise é alternativa à Religião.
– A Psicanálise opõe-se à Pedagogia (não ática).

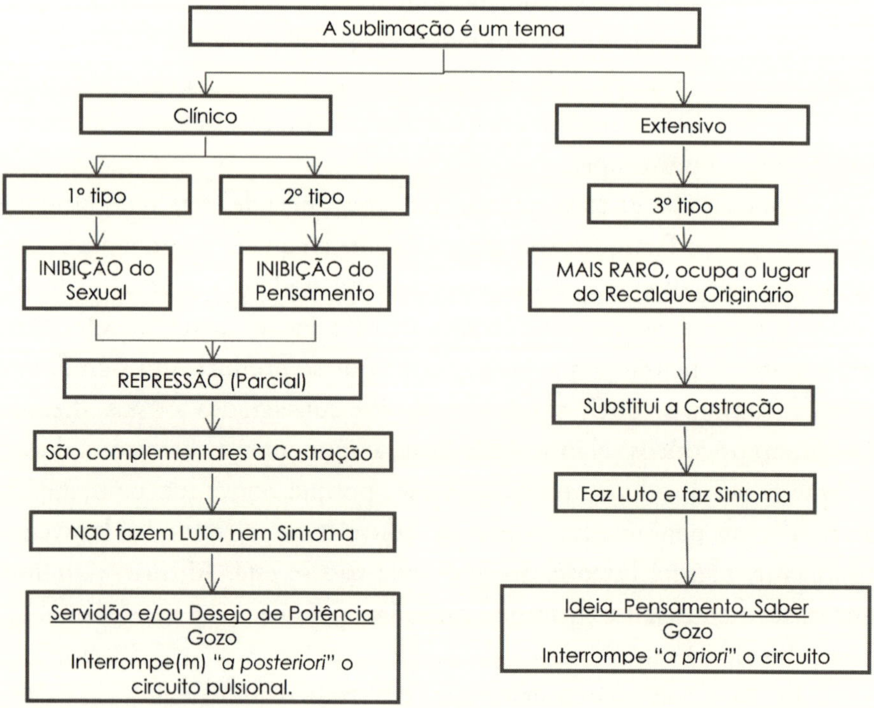

Distinção entre:

– "Amar o Verdadeiro Amor" ⇔ SUBLIMAÇÃO
– Recalque da fantasia perversa ⇔ CASTRAÇÃO
– "Amor pela Verdade" ⇔ AMOR DE TRANSFERÊNCIA

Anexo II:

Esquema com a síntese do conteúdo abordado pelo professor Antônio Sérgio Mendonça e referências bibliográficas:

1 – SIGMUND FREUD, em suas *Obras Completas*, Edição Standard, conceitua Sublimação e a classifica em três tipos:

a – Nos "Três Ensaios Sobre a Teoria da Sexualidade" (1905) – Volume VII: tipifica a Sublimação em três tipos.

b – Em "Leonardo da Vinci e uma Lembrança de sua Infância" (1910) – Volume XI: define todas as características do terceiro tipo de Sublimação, onde se dá a interrupção do circuito pulsional por completo e de forma precoce. É alternativo à Castração para Freud e, depois, Lacan vai dizer ser alternativo em relação à Transferência*.

c – Em "O Moisés de Michelangelo" (1914) – Volume XIII: este texto é responsável pela relação do artista e da obra com o caráter endogênico da sua gênese artística. Diz mais da afetação pessoal do autor do que do efeito Sublimatório (obra) propriamente dito.

d – Em "Inibição, Sintoma e Angústia" (1926) – Volume XX: a este texto ele atribui o primeiro tipo de Sublimação como ⇔ ao Comparecimento Compulsivo da Sublimação na Obsessão e tido como equivalente à Inibição. Esta complementa a Castração. Ou seja, para que o recalque se complete, convoca-se a repressão sexual sob a forma de Inibição face ao objeto sublime e idealizado. Também no segundo tipo de Sublimação, a Inibição própria do pensamento é atribuída a esse texto. Trata-se de uma interrupção não precoce, mas em andamento, do circuito pulsional, que é substituído pela ideia, imagem ou pensamento com valor de dignidade de Coisa. Trata-se de uma Inibição intelectual e/ou de Saber, da impossibilidade de criar, que é substituída pela possibilidade de reproduzir apenas. No caso anterior não se tem a impossibilidade, mas a Repressão e/ou Inibição Sexual escrita como "Mito do Amor", enquanto lugar da impotência.

* É o tipo mais raro, pois agirá no próprio lugar do recalque. Liga-se ao que Freud denominou de "a poderosa pulsão de pesquisa" e é responsável pela gênese da Arte e da Ciência. Se o segundo tipo inibe o Pensamento, este dá lugar ao mesmo, seja como ideia, Saber ou Beleza (Ideal de).

2 – JACQUES LACAN, embora considere integralmente a conceituação de Freud, vai-se interessar, principalmente, pelo terceiro tipo de Sublimação e, então, irá reconfigurá-la:

a – No seminário *A Relação de Objeto* (1956/1957), livro 4: Lacan apresenta-nos Leonardo da Vinci como o exemplo mais típico do terceiro tipo de Sublimação. Neste, para Lacan, "Ama-se o Verdadeiro Amor". Já, no *L'Etourdit* ele dará à dama o lugar de discurso da pessoa e/ou sujeita do amor ⇔ Amor Cortês, quando presente na obra de Arte, é Sublimação, tanto como a anamorfose (o que é redito no seminário 7, *A Ética da Psicanálise*), só que em *L'Etourdit* Lacan, para além do Amor-Cortês Provençal, verá o mesmo noutro exemplo de cortesia, encontrado, sem dúvida, na novela de cavalaria saxônica e galego-portuguesa, como, também, uma forma de heterossexualidade. Recomposição da Paternidade.

b – No seminário *Les non-dupes errent* (1973/1974): refere-se, ali também, ao primeiro tipo de Sublimação no qual, em decorrência da Inibição sexual, ocorrerá a forma "imaginária de idealização do Simbolismo do Amor", dito "Verdadeiro Amor", e/ou "Amar o próprio Amor" que é ⇔ ao "Mito do Amor" quando Inibição interrompe o Amor Paixão, que é o imaginário (sexual) do Amor.

c – No seminário *A Ética da Psicanálise* (1959/1960), livro 7: Lacan refere-se, como já se disse, à anamorfose (deformação da imagem) como uma forma de Inibição própria do pensamento Estético. Mas a anamorfose quando incorporada à obra de arte tal qual em *As Meninas* de Velásquez é, sem dúvida, própria do terceiro tipo de Sublimação – confrontar *O Desejo e sua Interpretação*, porque, ali, o que Lacan retoma no seminário *O Sinthoma* é a borromeaneidade do olhar. Assim sendo, ratificando, *face to face* com Foucault, a leitura do mesmo quadro, feita por este, na Introdução de *As Palavras e as Coisas*, distingue, do ponto de vista da borromeaneidade do objeto *a*, a visão do pintor, do espectador, do Ministro e do espelho.

d – Em *A Transferência* (1960/1961), livro 8 e em *O Sinthoma* (1975/1976), livro 23: a Sublimação terá valor análogo à Transferência por gerar um efeito sintomático singular. No seminário *A Transferência* trata-se da beleza como precondição da Perversão sexual (pederastia ática)*. E no seminário *O Sinthoma* refere-se, em relação a Joyce, à Santidade que é ⇔ a santificação do sinthoma = Le Sinthome e/ou le Saint-homme, quando da escrita do seu *Finnegans Wake*.

* Pederastia ática não era homossexualidade, no sentido homoerótico do termo. Era a beleza como autorização para aquilo que você chama hoje de homoerotismo, fundindo-se, como na mentalidade Épica da Civilização: *Gnosis* (Saber) e *Eros* (beleza).

Referências bibliográficas

FOUCAULT, Michel. *As Palavras e as Coisas*. 3ª ed. São Paulo: Martins Fontes, 1985.

FREUD, Sigmund. (1905). Três ensaios sobre a teoria da sexualidade. In: *Obras Completas*, vol. VII. Rio de Janeiro: Imago Ed., 1969.

————. (1910). Leonardo da Vinci e uma lembrança de sua infância. In: Obras *Completas*, vol. XI. Rio de Janeiro: Imago Ed., 1969.

————. (1914). O Moisés de Michelangelo. In: *Obras Completas*, vol. XIII. Rio de Janeiro: Imago Ed., 1969.

————. (1915). Nós e a Morte. In: *Obras Completas*, vol. XIV. Rio de Janeiro: Imago Ed., 1969.

————. (1926). A Questão da Análise Leiga. In: *Obras Completas*, vol. XX. Rio de Janeiro: Imago Ed., 1969.

————. (1926). Inibição, Sintoma e Angústia. In: *Obras Completas*, vol. XX. Rio de Janeiro: Imago Ed., 1969.

LACAN, Jacques. *O Mito Individual do Neurótico*. Lisboa: Assírio e Alvim Ed., 1987.

————. (1956/1957). *O seminário, Livro 4, A Relação de Objeto*. Rio de Janeiro: Jorge Zahar Ed., 1995.

————. (1958/1959). *O seminário, Livro 6, O Desejo e a sua Interpretação*. Inédito.

————. (1959/1960). *O seminário, Livro 7, A Ética da Psicanálise*. Rio de Janeiro: Jorge Zahar Ed., 1991.

————. (1960/1961). *O seminário, Livro 8, A Transferência*. Rio de Janeiro: Jorge Zahar Ed., 1992.

————. (1975/1976). *O Seminário, Livro 23, O Sinthoma*. Rio de Janeiro: Jorge Zahar Ed., 2007.

————. *Outros Escritos*. Rio de Janeiro: Jorge Zahar Ed., 2004.

————. *Nomes do Pai*. Rio de Janeiro: Jorge Zahar Ed., 2005.

MENDONÇA, Antônio Sérgio. O Bovarismo e a Dissolução Machadiana. In: *Bovarismo & Paixão*. Rio de Janeiro, Antares Ed., 1992.

————. A Linguagem, a Arte Medieval e o Real. In: Revista *A Transmissão*, Ano 8, nº 9, 2000.

RIVERA, Tânia. Estética e Descentramento do Sujeito. In: Revista CULT, nº 125, Ano 11.

Capítulo 9

Enfoque psicanalítico sobre o que se costuma rotular como "depressão"

*Rita Franci Mendonça**

O rótulo de depressivo atribuído, em tratamentos anteriores, aos pacientes que temos recebido para tratamento psicanalítico ao longo dos anos tem sido uma das fontes de nossas preocupações e interrogações. Qual será a razão de ser de um "diagnóstico" tão genérico? Será que tal rótulo remete a uma "verdade psíquica"?

A Psicanálise tem muito a dizer sobre esse assunto, principalmente depois de ter recebido as contribuições do Dr. Jacques Lacan, psicanalista francês que resgatou a obra freudiana e a enriqueceu do ponto de vista teórico-clínico. Essas contribuições possibilitaram um avanço no tratamento, não só das neuroses, como da psicose paranoica e da melancolia, por ele denominada de masoquismo propriamente dito, cujo ato delirante incidiria sobre o próprio sujeito, com uma causalidade diferenciada dos demais estados ditos depressivos, por haver uma colagem, supostamente perene, ao objeto amoroso dado como perdido.

---

* Psicanalista, Presidente e Diretora clínica do Centro de Estudos Lacaneanos, Instituição Psicanalítica – Porto Alegre / RS.

Assim, tanto Freud como Lacan demonstraram a inoperância de se estabelecer diagnósticos clínicos a partir do que aparece pela via egoica e fenomenológica do comportamento, ressaltando que os mesmos precisam ser estabelecidos a partir dos significantes singulares de cada sujeito, pois será através destes que o analista poderá detectar as marcas que determinaram uma estrutura psíquica particularizada.

Freud, desde seu trabalho "Psicologia das Massas e Análise do Ego", refere-se ao ego como um princípio unificador dos discursos sociais e, por isso, nesse nível de percepção, o sujeito vai estabelecer uma suposição de semelhança especular com o outro. Trata-se, como aponta Lacan em seu trabalho *O Estádio do Espelho*, de um funcionamento defensivo, que se dá no sentido de não se querer ver na dificuldade do outro, ou de se supor semelhante ao que idealiza nesse outro e, assim, fazer de contas que as gratificações referentes aos objetos infantis não foram perdidas; ou seja, trata-se de um artifício de que o sujeito lança mão para não se defrontar com sua singularidade, pois esta apontaria para a carência que define o desejo humano. Entretanto, essas percepções defensivas têm um aspecto imaginário e não dão conta da verdade inconsciente de um sujeito, já que o ego é a resultante de uma distorção efetivada após o recalque que funda o inconsciente e, por essa razão, ele esconderá a "realidade psíquica" relativa ao processo primário que, por sua vez, dará conta da verdade desejante de cada sujeito.

Desse modo, as investigações clínicas da Psicanálise demonstraram que os comportamentos denominados depressivos estão presentes na maior parte das estruturas psíquicas e se manifestam não só nas neuroses, em suas várias modalizações, mas também nas psicoses. Contudo, esses efeitos de melancolização são específicos e diferenciados, em sua natureza e expressão, de acordo com a estruturação psíquica de cada sujeito. Por isso, a Psicanálise não considera úteis para o tratamento dos estados depressivos o estabelecimento de diagnósticos a partir de classificações fenomenológicas, ou a partir de sua maior ou menor intensidade, ou, ainda, levando-se em conta apenas os sinais que possam aparecer em seus diversos efeitos comportamentais. Isso porque, para a Psicanálise, não se trata de apenas fazer desaparecer esses estados de angústia e depressão para que o sujeito adapte-se melhor à "realidade" social, pois o que está em questão é sua realidade psíquica e inconsciente e, esta sim, aponta para a singularidade de seu desejo. Cabe, então, ao psicanalista suspender o caráter imaginário e defensivo sustentado pelo discurso do ego e, através desse mesmo discurso, destacar os fragmentos significantes que apontem para a significação singular de sua verdade inconsciente. Os significantes destacados apontam para o não sabido, o inesperado, para o que pode ter valor do que Lacan definiu como gozo, ou seja, uma variável de sofrimento que resiste à independência psíquica. Por essa razão, a Psicanálise tem como objetivo incidir sobre a causa estrutural dos efeitos depressivos e comportamentais e não apenas sobre suas manifestações fenomenológicas. Assim, um determinado acontecimento poderá ter ou não valor traumático para um sujeito de acordo com a singularidade de sua estrutura e dos significantes que são atualizados naquilo que venha a ter esse valor.

As estruturas que tendem a vivenciar as perdas com grande valor traumático são as psicoses, pois, nelas, se evidencia a impossibilidade de constituição de um sujeito autônomo e descolado de sua mãe. Isso porque, nessa estruturação psíquica familiar, a função fálica paterna não pôde se fazer suficientemente presente para operar as identificações necessárias a esse processo de autonomia. O efeito disso será mortal em relação ao psiquismo do sujeito e se manifestará através de uma melancolia, sempre auto-hostil, ou de uma agressividade hetero-hostil. Por essa razão, Lacan demonstrou, em sua tese de doutoramento, a eficácia da intervenção nos significantes do delírio paranoico, já que é através de sua produção delirante que o psicótico encontra uma justificativa para sua existência. Assim, não se trata, para esse autor, de acalmar ou abafar o delírio, mas de equivocar seu caráter de exclusão para se estabelecer um resgate psíquico que contrarie seu aniquilamento narcísico, cujos efeitos são a melancolia auto-hostil e/ou a agressividade externamente dirigida. Desse modo, Lacan pôde conter o risco homicida de sua paciente Aimée através de sua internação e tratamento no Hospital Saint'Anne. Entretanto, nem todos os psicóticos oferecem riscos a si e a outros como efeito de seus delírios, o que torna, nesses casos, sua internação desnecessária.

Além das psicoses, Lacan, em seu seminário *A Relação de Objeto*, retoma o texto freudiano "Luto e Melancolia" e dá estatuto de conceito clínico à melancolia como uma estrutura identificatória singular, no caso de esta ser determinada por uma vivência de perda objetal específica, que seria substituída pela colagem ao impossível objeto amoroso, tendo, por isso, um caráter mortal, por ser delirante em ato. Lacan a chama de masoquismo propriamente dito, por esse ato incidir sobre o próprio sujeito. Alguns autores lacanianos, ao estudarem os processos de melancolização que comparecem na perversão maníaca, destacam o valor materno dessa perda. Esse objeto perdido se tornaria impossível, pois para o melancólico essa perda vai equivaler a sua completa anulação desejante, com valor de culto à morbidez. Logo, ele identificar-se-á ao objeto tido como morto e abrirá mão da vida através de um estado de apatia, uma espécie de morte psíquica que, necessariamente, não implicará em suicídio, embora se possa admitir, eventualmente, que um contínuo estado de prostração se caracterize como uma espécie de "suicídio lento". Por outro lado, nesse mesmo texto, Freud define o luto como uma superação do estado de melancolia, pois fazer o luto da perda do objeto amoroso, para alguns, com valor materno, significa o estabelecimento de um processo de elaboração e aceitação da mesma, que suspende a melancolia.

Também se pode falar de um efeito melancólico na estrutura que Serge André, em *A impostura Perversa*, conceituou como mania. Nesses sujeitos, sua agitação e euforia comportamentais são determinadas por uma identificação a um objeto de desejo da mãe, porém um objeto com valor de gozo com a degradação que, ao mesmo tempo, destitui a imagem do pai por efeito de "fraude materna". Contudo, nesses casos, sobrevirá um efeito de melancolização quando o sujeito perceber o rechaço social que provocou a partir de seus atos transgressivos, dos quais nem sempre se dá conta.

Lacan destaca a importância da função paterna na vida de uma criança como uma resultante da imagem masculina que este homem (pai) ocupa na vida da mãe. Por isso, mais importante do que a presença física de um pai é a transmissão para a criança da fantasia que a mãe porta sobre o masculino e a lei, ou seja, o que a mãe aspira ou refere a respeito desta, consciente ou inconscientemente.

No que se relaciona às neuroses, elas se fundam a partir da estruturação do Ego. Surgem porque precisamos distorcer a verdade inconsciente através das atribuições de sentido que o ego coloca no lugar dessa verdade. A verdade inconsciente remete à fantasia, também inconsciente, que, por universalizar o gozo fálico, articula-se, em falta, com o sintoma, como Lacan nos ensinou em Bonneval. O Sintoma como estrutura, assim como o inconsciente, que só há no ser que fala, articula-se em torção como o "falasser". Por essa razão, o sintoma hiperdetermina-se ao Outro e à falta simbólica, sendo, por isso, fato estrutural da castração. Todavia, o saber sobre a verdade, por ser metafórico, tem a ver com o sintoma, já o desejo inconsciente, por ser metonímico, articula-se à fantasia que o sustenta, sendo que esta tem o sintoma como seu axioma, compondo, assim, nossa estrutura psíquica singular. Nessa acepção, o termo sintoma nada tem a ver com o sintoma médico que se expressa como um fenômeno, um comportamento. Assim, o sintoma para a Psicanálise é efeito do recalque tanto da fantasia perversa quanto daquilo que teve valor de objeto primordial de satisfação. Esse recalque produz um vazio que constitui, via fantasia, nosso desejo inconsciente, aquilo que nos conduz à falta a ser. Entretanto, o neurótico não quer saber do que lhe faz falta e por isso estrutura um sintoma imaginário que será uma síntese entre essa suposição e o que tampona essa carência. Ele quer lidar com a constante ilusão de satisfação. Contudo, é porque ele pôde se separar de seu objeto primordial que sua estrutura de falta lhe deu a força necessária para buscar preencher esse vazio chamado desejo, mesmo que esse vazio não seja nem consciente, nem acessível, porque se funda através da lei-do-pai. Será o "não" dos pais que vai estruturar a vontade de buscar, de ser como os pais, ou de ter ou não na vida o que os pais tiveram. Os neuróticos são desejantes, mas tendem a boicotar a força de seu desejo, justamente para não reconhecer o que, de fato, lhes faz falta. Ai é que comparecem efeitos de melancolização, embora de natureza bastante diversa das que ocorrem na melancolia, na mania e nas psicoses. Nas neuroses pode haver estados depressivos por diversas razões estruturais e também por perdas objetais durante a vida. Porém os neuróticos têm, em geral, melhores condições de fazer o luto destas perdas, ou seja, de as elaborar, e podem, a partir daí, substituir falicamente seus objetos amorosos.

Por exemplo, na neurose histérica (estrutura que não é privilégio das mulheres), ao comparecer na menina, embora de forma inconsciente, ela responsabiliza a mãe, achando que esta a priva do amor do pai. Então, por desvalorizar a mãe como rival, identifica-se ao pai como figura idealizada e vai tomar para si o modo masculino de encarar a falicidade. Por isso, vai agir (falicamente) como os homens, supondo que ser mulher é se colocar como objeto do desejo dos homens. Mas, se ela encarar o desejo do jeito masculino e apenas se fizer desejar e não amar, seus relacionamentos tenderão ao fracasso. Isso a leva à melancolia, como expressou Flaubert em *Emma Bovary*, onde a personagem desvaloriza o marido que a ama e idealiza o amante nobre que a deseja, supondo que ele vai fugir com ela. A decepção do abandono lhe traz como efeito a melancolização.

Já quando Lacan conceitua a neurose obsessiva, principalmente em seu seminário *O Desejo e sua Interpretação*, indica a causa desse efeito de melancolização no fato de o neurótico obsessivo necessitar atender o pedido de sua mãe de denegrir a imago paterna. Ou seja, se a mãe invade o lugar fálico de lei que o pai deveria ocupar, o falante tenderá a se submeter a essa mensagem materna, desvalorizando o que vem do pai, por valorizar a mãe, seu sublime objeto de amor. E como sua identificação simbólica e desejante passa por essa imago paterna, o sujeito vai desvalorizar-se como desvalorizou o pai e, com isso, o seu próprio desejo. Vai tratar-se de um sujeito que tende a abrir mão de si para dar lugar ao outro, como extensão do desejo da mãe. Por essa razão, Lacan compara essa estrutura ao personagem Hamlet de Shakespeare. Este, por amor à mãe, não pode atender ao pedido do fantasma do pai de vingar seu assassinato e, assim, passa a dar valor mortal ao seu próprio desejo, abrindo mão de sua amada, Ofélia. Por conseguinte, se o neurótico obsessivo dá valor mortal ao seu desejo e, por isso, dele abre mão, se restringirá ao lugar depressivo de espectador da própria vida, como se fosse a de um outro, só que "morto" em relação às suas mais íntimas necessidades. Portanto, de um lugar de constante frustração, em relação ao seu próprio desejo, advém um efeito de melancolização.

Percebe-se, então, que, em todas as estruturas psíquicas, há efeitos de melancolização e, embora esses efeitos, em sua aparência comportamental, tenham manifestações até semelhantes, suas causas são absolutamente diversas. Daí a necessidade de se conhecer as estruturas clínicas não só para estabelecer suas verdadeiras causas, mas também seu diagnóstico diferencial. Isso porque, se, como nos ensina Lacan, há uma direção da cura específica para cada estrutura clínica na singularidade de cada análise, não se mostra eficaz tratar da mesma forma as diversas manifestações estruturais e seus processos de melancolização. Considerar esses efeitos genericamente como "depressão" tende a fechar a possibilidade de o sujeito interrogar-se sobre os enigmas que o levariam à análise e que lhe causam sofrimento. Não haverá o risco de que, ao ser chamado de "depressivo", ele passe a se conformar em ser portador de uma patologia crônica, de caráter "orgânico", com o destino de se submeter, por isso, a um tratamento medicamentoso? Os pacientes submetidos a esse tipo de tratamento percebem que sua angústia retorna e que lhes falta ser efetivamente escutados acerca de seus enigmas. Ater-se a um efeito comportamental de depressão como verdade em si mesma não possibilita desvendar as razões inconscientes dessa depressão. Serão essas razões inconscientes que determinarão a repetição dos problemas, reiteradamente, ao longo da vida, o que Freud conceituou como compulsão à repetição. Desse modo, a intervenção analítica tem o efeito de interrupção desse gozo que aparece sob a forma de sofrimento.

Por todas essas razões, faz-se necessário identificar a fonte do sofrimento, tanto na melancolia propriamente dita quanto nos diversos efeitos da melancolização, justamente para que o sujeito possa se independizar, abrir mão daquilo que, por ter as feições da autoagressividade do gozo masoquista, lhe causam sofrimento.

Referências bibliográficas

ANDRÉ, S. *A Impostura Perversa.* Rio de Janeiro: Jorge Zahar Editor, 1991.

FREUD, S. Psicologia das Massas e Análise do Ego. *Obras Completas*, vol. XVIII. Rio de Janeiro: Imago, 1976.

LACAN, J. El Estadio del Espejo como Formador de la Función del Yo. In: *Escritos 1.* México: Siglo XXI Editores, 1980.

————. *De la Psychose Paranoïaque dans ses Rapports avec la Personnalité.* Paris: Éditions du Seuil, 1975.

————. *A Relação de Objeto, livro 4* (1956-1957). Rio de Janeiro: Jorge Zahar Editor, 1995.

————. O Desejo e sua Interpretação, livro 6 (1958-1959). Inédito.

Impresso nas oficinas da
SERMOGRAF - ARTES GRÁFICAS E EDITORA LTDA.
Rua São Sebastião, 199 - Petrópolis - RJ
Tel.: (24)2237-3769